S. A. BIRNBAUM

Die jiddische Sprache

Salomo A. Birnbaum

Die jiddische Sprache

Ein kurzer Überblick
und Texte aus acht Jahrhunderten

2., erweiterte
und überarbeitete Auflage

HELMUT BUSKE VERLAG
HAMBURG 1986

1. Auflage 1974 (ISBN 3-87118-133-1)

CIP-Kurztitelaufnahme der Deutschen Bibliothek

Birnbaum, Salomo A.:

Die jiddische Sprache : e. kurzer Überblick u. Texte aus 8 Jh. / Salomo A. Birnbaum. – 2., erw. u. überarb. Aufl. – Hamburg : Buske, 1986.

ISBN 3-87118-744-5

ISBN 3-87118-744-5
2., erweiterte und überarbeitete Auflage 1986

Gesamtherstellung: J.J. Augustin, Glückstadt

Meiner Frau und Freundin,
Mitarbeiterin und Kollegin

Irene Birnbaum

INHALT

Vorwort zur zweiten Auflage

Die neue Auflage enthält zwei zusätzliche Kapitel. Die *Einleitung: Jüdische Sprachen* greift über das Jiddische als Einzelerscheinung hinaus und ordnet es in einen großen geschichtlichen Zusammenhang ein. Das Kapitel *Quellen des ostjiddischen Vokalismus* wird sowohl dem Linguisten als auch dem Laien — jedem in seiner Weise — von Interesse sein. Das *Literaturverzeichnis* konnte aber leider keine genügende Erweiterung erfahren.

Daß eine neue Auflage dieses Buches notwenig wurde, ist für den Verfasser eine erfreuliche Genugtuung, da es von anhaltendem deutschen Interesse für den Gegenstand zeugt, wie er das auch im Vorwort zur vierten Auflage seiner *Jiddischen Grammatik* hervorhob.

Das Interesse des Verlegers für das Buch verdient hohe Anerkennung.

Toronto, Dezember 1984 S. A. B.

Vorwort zur ersten Auflage

In den letzten sieben Jahrzehnten hat die Erforschung des Jiddischen ein reiches Material an Veröffentlichungen hervorgebracht. Es könnte die Grundlage eines ausführlichen Werkes über die Geschichte und Probleme dieser Sprache bilden. Andererseits müßte aber ein solches Buch wichtige Lücken aufweisen, denn es gibt eine Menge von Fragen, an die man beim heutigen Stande unserer Studien noch gar nicht herantreten kann. Aber auch unter Absehen von solchen Problemen läge ein umfangreiches Buch dieser Art außerhalb des Bereiches des mir jetzt Möglichen. Ich will hier nur eine Skizze geben. Sie beruht in Gänze auf meinen eigenen Forschungen, wie sie in früheren Veröffentlichungen niedergelegt wurden.

Wenn ich mit der vorliegenden Arbeit etwas zur Erforschung sowie zum besseren Verständnis dieser Sprache – und damit ihrer Sprecher – beitragen könnte, so wäre mir das reicher Lohn.

S. A. B.

Das Umschriftalphabet

Jiddisch wird mit hebräischen Buchstaben geschrieben. Daß es stofflich eine germanische, also indogermanische, Sprache ist, bedeutet nicht, daß das hebräische, also semitische, Alphabet für diesen Zweck ungeeignet ist – ganz abgesehen davon, daß der Ursprung der für die germanischen und die meisten indogermanischen Sprachen benutzten Alphabete ja auch semitisch ist.*

In unserm Buch wird das Jiddische aus praktischen Gründen mit lateinischen Buchstaben wiedergegeben. Es ist kein Lehrbuch im engern Sinn, das mit der Sprache auch die Schrift zu lehren hätte. Sich mit einem fremden Alphabet vertraut zu machen ist nicht leicht.

Dem, der nach der Lektüre dieses Buches zur Erlernung der Sprache übergehen will, wird das Lesen der Originale bis zu einem gewissen Grade weniger schwer fallen. Er wird mit den Zeichen schneller vertraut werden, weil er schon ein bißchen mit der Sprache bekannt sein wird.

Die Benutzung der Umschrift hier bedeutet nicht, daß ich die Abschaffung des hebräischen und die Einführung des lateinischen Alphabets für das Jiddische richtig und wünschenswert hielte. Nichts läge mir ferner.

* Die lateinischen Buchstaben stehen den altsemitischen sogar viel näher als die hebräischen. Hier ist kein einziges Zeichen mit den altsemitischen identisch, während dies bei fast der Hälfte des lateinischen Alphabets der Fall ist: H, L, O, Q, Z; in A, E, K, N ist bloß die Richtung verschieden; in D, M, T ist der Unterschied so gering, daß der Zusammenhang auf den ersten Blick ersichtlich ist.

Die Zeichen

Die in der folgenden Tabelle gegebenen Zeichen gelten für das Neu-Ostjiddische. Für andere Zweige und älteres Material ist eine jeweils passende Umschrift angewandt.

Wenn man die Buchstaben ungefähr mit den Lautwerten der deutschen Beispiele liest, so ergibt sich die Aussprache der weit überwiegenden Mehrheit (drei Viertel) aller Sprecher.

a	H*a*nd	i	b*i*n	ou	o (wie in *soll*) + u
á	L*a*de	ï	b*i*n	p	*p*assen
aa	L*a*de	î	B*ie*ne	r	*r*echt; Hafe*r*
aai	aa + i	ii	B*ie*ne	s	da*ss*
ai	w*ei*t	j	b*i*n	ś	*sch*on
b	*b*ald	jj	B*ie*ne	t	*t*un
c	zehn	k	*k*ann	u	N*u*ss
ć	Kla*tsch*	l	*l*ange	ú	N*u*ss
d	*D*ach	li	ital. fi*gl*io	uu	g*u*t
dź	engl. *j*oy	m	*M*ut	úú	g*u*t
é	W*e*lt	n	*N*ame; s*in*gen	v	*w*ird
e	Somm*er*	ni	ital. o*gn*i	x	Sa*ch*e
éi	*ä* + *i*	o	s*o*ll	y	g*e*sagt
f	*f*ür	oi	*o* (wie in *soll*) + *i*	z	*s*o
g	*g*ut	oo	wie o, aber lang	ź	franz. *j*adis
h	*h*at	ooi	oo + i		

Außerhalb des Neuostjiddischen sind noch folgende Buchstaben verwendet: ẹ, ḥ, ọ, ô, ṣ, w. Für das Mittelhochdeutsche und Hebräische und Aramäische werden die üblichen Zeichen gebraucht.

EINLEITUNG

Jüdische Sprachen

Es ist eine wohlbekannte Tatsache, daß es in der Gegenwart eine Anzahl von Sprachgebilden gibt und auch in der Vergangenheit gegeben hat, die nur bei den Juden anzutreffen sind. Da jüdische Angelegenheiten meist recht kompliziert sind, findet man die verschiedensten Ansichten über alles, was mit diesen Gebilden zusammenhängt, weil ihr Wesen nicht verstanden wird. Selbst ihre Klassifizierung und ihre Namen, mit denen man sie versah, legen Zeugnis dafür ab: Mischsprachen, kreolische Sprachen, verdorbene Sprachen, Jargone, Dialekte, Jüdisch + dem Namen einer Sprache. Diese Benennungen sollen nun untersucht werden.

„Mischsprache"

Die Bezeichnung gemischt wird sowohl von Linguisten als auch von Laien bei der Beschreibung gewisser Sprachen benutzt, um anzuzeigen, daß ihr Wortschatz aus zwei oder mehreren Hauptquellen stammt. Wenn es aber zur Besprechung von Einzelheiten kommt, findet man keine Übereinstimmung über die genauen Grenzlinien zwischen „rein" und „gemischt". Wie hat man z.B. eine Sprache zu klassifizieren, deren zwei Hauptelemente im Verhältnis 4:1 stehen? Die Schwierigkeit wächst, wenn auch Kriterien aus den Gebieten der Phonologie, Morphologie und Syntax zur Anwendung kommen. Nach der Ansicht vieler sind z.B. Deutsch, Polnisch und Japanisch „reine" Sprachen, und Englisch, Türkisch, Persisch und Nahuatl dagegen Mischsprachen, während andere alle sieben so nennen würden, und wieder andere eine dritte Auswahl träfen. Wenn die gewählten Kriterien sehr strenge sind, wieviele könnten dann „rein“ genannt werden?

Die Sprachgebilde, die im Laufe der langen Geschichte des jüdischen Volkes erwuchsen, unterscheiden sich im Grad ihrer Mischung. Wohl die meisten sind viel weniger gemischt als Englisch oder Persisch. Wenn ein Laienkriterium benutzt würde, dann ginge die Grenzlinie zwischen „rein“ und „gemischt“ mitten durch die Gruppe der jüdischen Sprachgebilde hindurch. Mit andern Worten, Mischung ist kein Hauptkennzeichen für sie alle und Mischsprachen ist daher kein passender Name.

„Kreolische Sprachen“

Die Bezeichnugn „kreolisch“ für die jüdischen Sprachgebilde ist schwer zu begreifen. Dieser Name wird, in sekundärer Entwicklung für jene Sprachgebilde gebraucht, die in Westindien von Negern auf spanischer, portugiesischer, französischer, niederländischer englischer und deutscher Grundlage entstanden. Wenn das aufs Jiddische und die andern jüdischen Sprachgebilde paßt, so muß es auch bei z. B. den romanischen Sprachen angemessen sein, und wir sollten sie kreolisiertes Lateinisch nennen. Denn ob Gallier, Iberer oder Dazier das Lateinische annehmen und umformen, ist nichts anderes, als was die Neger – mutatis mutandis – mit den oben erwähnten Sprachen taten. Die jüdischen Sprachgebilde bei den kreolischen Sprachen einzureihen ist mehr als unpassend.

Werturteil

Für die, die ihre Muttersprache für „rein“ halten, hat der Name Mischsprache wohl einen unangenehmen Beigeschmack – den einer

Sprache, deren Sprecher sich eigentlich ihrer zu schämen hätten. Und das zeugt natürlich für die Höherwertigkeit der eigenen, reinen, Sprache. Hier wird ein außerwissenschaftliches Kriterium in die Untersuchung eingeführt, das eines Werturteils. Im allgemeinen ist die Reaktion auf eine ähnliche, aber doch verschiedene Sprache wohl meist negativ. Wenn es sich bloß um eine Mundart der eigenen Sprache handelt, so gibt es freundlichen Spaß und Spott, wenn es aber eine andere, wenn auch verwandte, Sprache ist, dann kann das Ergebnis ein unangenehmes Gefühl sein, besonders wenn die Gruppe, zu der jene Sprecher gehören, kleiner und unbedeutender ist. Diese negative Einstellung – die im großen und ganzen sich wohl nur auf die Sprache bezieht, erhält einen feindseligen und verächtlichen Oberton, wenn das betreffende Sprachgebilde zu einer räumlich nahen, aber sonst sehr verschiedenen Gruppe gehört, und ganz besonders, wenn Gründe für Gegensätzlichkeit nicht mangeln, und wenn jene Gruppe noch dazu schwach ist. Eine solche Einstellung beruht auf tiefwurzelnden Tatsachen der Gruppenpsychologie. Daß auch Wissenschaftler sich nicht immer ihrem Einfluß entziehen können, zeigt die Bedeutsamkeit dieses Faktors.

Ein außerwissenschaftliches Werturteil anderen Ursprungs erscheint mitunter, wenn es sich darum handelt, aus irgend einem – nicht persönlichen – Grund eine Entscheidung zwischen zwei andern Sprachen zu treffen. Wenn man Französich und nicht Afrikaans oder Russisch und nicht Jiddisch wählt, so war wohl meistens Macht der ausschlaggebende Faktor. Wenn also ein Linguist Ukrainisch, Afrikaans oder Jiddisch als Dialekte bezeichnet, sie also nicht als vollwertige Sprachen anerkennt und sie damit einer geringeren Kategorie zuschreibt, dann ist er unter dem Einfluß der Macht nicht zu einem objektiven Urteil gekommen.

Eine andere Ursache der negativen Einstellung ist psychologischer Natur. Beim Hören oder Lesen einer der eigenen ähnlichen Sprache wird man durch Formen gestört, die von der als Norm betrachteten abweichen. Dieses Gefühl mag sich dann in der in uns allen so mächtigen schulmeisterlichen Einstellung kristallisieren. Sie duldet nur das Bekannte, das klar abgegrenzte, die Regel, und verabscheut das Unbekannte, das Unabgegrenzte, das Chaotische.

„Verdorbene Sprachen"

Die Wertungseinstellung, die in dem Namen Mischsprachen mitschwingen konnte und in der Bezeichnung kreolisch wohl deutlicher wird, kommt in der Benennung „verdorben" zu offenbarem Ausdruck. Die jüdischen Sprachgebilde sind verdorbene Formen anderer Sprachen. Das Wort verdorben bedeutet, daß etwas aus einem gesunden in einen verfaulten Zustand übergegangen ist, und daß daher die betreffende Sache für ihren Zweck untauglich oder zumindest weniger tauglich geworden ist. Kann diese Beschreibung für die jüdischen Sprachgebilde gelten? Ist es richtig, daß Jiddisch

* Ich habe szt. für die jüdische Parallelsprache des Spanischen den in ihr selbst üblichen Namen *Judezmo* eingeführt (*Iîvuu-Bléter* 11: 193, 1937: *Džudézmy*), später aber (für Englisch) den Namen *Jidyó* (also *Ǧidjó*) als gleichberechtigt angeführt. Während ich jetzt die vorliegende Studie aus dem englischen Original (siehe Literaturverzeichnis, Nr. 13) übersetzte, sah ich, daß man von diesen Namen keine Adjektive bilden kann und dadurch dauernd in Schwierigkeiten gerät. Ich entschloß mich darum, dem abzuhelfen, mit dem folgenden Ergebnis. Für die Namengebung stehen uns je zwei Varianten zur Verfügung: *Ǧudezmo/Ǧidezmu* and *Ǧudjó/Ǧidjó*. Der Stamm ist den Varianten gemeinsam, kann also den Stamm unseres Namens bilden und die ursprünglichen Endungen können nun einfach durch die deutsche oder englische Adjektivendung *isch/ish* ersetzt werden. Für den Stamm ist wohl die charakteristischere Form *Ǧid* zu wählen. So haben wir nun den Namen *Ǧidisch* (engl. *Jidish*). Er hat auch den Vorteil, die Konkurrenz *Ǧidezmu/Ǧidjó* zu erledigen. Für nichtlinguistische Zwecke ist wohl die Schreibung *Dschidisch* zulässig.

und Ğidisch* ihre Sprachefunktion — Mittel der Verständigung — nicht so gut ausüben wie Deutsch und Spanisch?

Es muß unterstrichen werden, daß wir es hier nicht mit literarischem Wert zu tun haben. Selbst wenn wir der deutschen und spanischen Literatur einen höheren Rang als der jiddischen und ğidischen einräumen wollen, so hat das mit unserem Thema nichts zu tun. Es ist eine Tatsache, daß Jiddisch und Ğidisch eben so gute Mittel der Verständigung sind wie Deutsch und Spanisch. Da dem so ist, und da also ihre Entwicklung vom Deutschen zum Jiddischen und vom Spanischen zum Ğidischen sie nicht am Ausüben der Sprachfunktion verhindert, können sie nicht verdorben genannt werden.

Man kann nun noch weiter gehen und die Frage erheben: Gibt es überhaupt ein solches Ding wie eine verdorbene Sprache? Voraussetzung für Verderbnis ist ein Sprachwechsel — eine Gruppe nimmt die Sprache einer anderen Gruppe an. Dabei eignet der Einzelne sie sich in unvollkommener Form an. Wenn man will, kann man das eine mehr oder weniger verdorbene Form jener Sprache nennen. Aber das wären Individualsprachen — eine ganz verschiedene Angelegenheit. Individualsprache ist eine contradictio in adiecto. Diese ‚Individualsprachen' werden ihre ‚Verbnis' allmählich verbessern, während die nächste Generation nicht sie, sondern die Sprache der Empfangsgruppe direkt übernimmt. Dies gilt dann, wenn die neue Gruppe ihren Gruppencharakter verliert und in die Empfangsgruppe aufgeht. Erhält sie aber ihr Gesamtheitsleben aufrecht, dann werden die folgenden Generationen weniger unter dem Einfluß der Empfangsgruppe stehen und eine neue Sprache kann sich entwickeln. Die ‚verdorbene' Sprache erwirbt ihre eigenen Normen, übt die volle Funktion einer Sprache aus, ist keine verdorbene Sprache.

Es gibt keine verdorbenen Sprachen.

Im Wort verdorben steckt wohl der Begriff des Häßlichen. Im

Falle der Sprache würde das bedeuten, daß die Abweichung von den Normen der Ursprungssprache die neue Sprache häßlich gemacht hat. Diese Beschreibung wäre verfehlt, da Schönheit selbstverständlich im Auge des Beschauers wohnt und für den Sprecher der ‚verdorbenen' Sprache seine eigenen Formen aesthetisch zufriedenstellender sind.

„Jargone"

Die Bemerkungen im vorigen Abschnitt gelten auch für den Ausdruck „Jargon". Dieses französische Wort bedeutet Kauderwelsch, ein unverständliches Gerede, eigentlich eine Nichtsprache. Die Sinnlosigkeit dieses Namens für die jüdischen Sprachgebilde liegt auf der Hand.

„Dialekte"

Die bisher besprochenen Benennungen lassen einen mehr oder weniger deutlichen Mangel an Sympathie für die Sprecher jener Sprachgebilde vermuten. Der Name Dialekt begreift weniger Kritik in sich, obwohl die Auffassung, daß Mundarten niedrigeren Ranges sind als Sprachen (lies: die betreffende Gemeinsprache), bei Laien wohl allgemein herrscht und sogar unter Linguisten nicht ausgestorben zu sein scheint.

Das Wort Dialekt bezeichnet die Sprachform einer Gegend, die mit den Sprachformen naher Gegenden eng verknüpft ist und mit den Sprachformen ferner liegender Gegenden weniger gemeinsam hat. Der Unterschied zwischen Mundarten der selben Sprache kann manchmal so groß sein, daß Verständigung zwischen Sprechern gewisser Mundarten so gut wie unmöglich ist, etwa zwischen einem

Münchener und einem Hamburger, oder einem Londoner und einem Liverpooler. Und doch werden die beiden ersteren als Sprecher des Deutschen und die beiden letzteren als Sprecher des Englischen angesehen.

Aber warum gelten dann Deutsche und Niederländer als Sprecher zweier Sprachen, wo doch Niederdeutsch und Niederländisch formal linguistisch identisch sind? Keine Mundartgrenze trennt sie voneinander, die politische Grenze verläuft mitten durch Mundarten, die sie beide gemein haben.

Es scheint also, daß die sprachliche Verwandtschaft einer Gegend mit einer anderen nicht schon die Einheit einer Sprache ausmacht. Sie beruht vielmehr darauf, daß zwei oder mehr Dialekte ein gemeinsames sprachliches Mittel der Verständigung, eine Gemeinsprache, besitzen. Die Einheit der Sprache symbolisiert sich in ihr. Ihr Ursprung ist jedoch nicht in der Sprache selbst zu finden, sie geht nicht von den Erfordernissen der Verständigung aus, obwohl dies Element eine wichtige Rolle in der Durchführung spielt. Gemeinsprache entsteht vielmehr dort, wo zwei oder mehr Dialekte eine politische oder kulturelle Einheit bilden.

Aufgrund dieser Tatsachen und Erwägungen ist nun zu überlegen, ob die Sprachgebilde der Juden als Dialekte aufzufassen sind. Ist z. B. Jiddisch, das Mittel der Verständigung für die Aschkenasim, eine Mundart des Deutschen wie etwa Alemannisch oder Bairisch? Ist Ğidisch, das Mittel der Verständigung für die Sefardim, eine Mundart des Spanischen wie etwa Andalusisch oder Aragonesisch?

Bairisch und Andalusisch heißen Dialekte des Deutschen und Spanischen weil ihre Sprecher, die Baiern und Andalusier, zu der deutsch und spanisch genannten Kultureinheit gehören und somit Anteil an deren Gemeinsprache haben.

Bildeten nun die Juden (vor der Emanzipationsperiode) einen Teil der deutschsprachigen, christlichen Kultureinheit? Das war doch offenbar nicht der Fall. Waren die Juden im mittelalterlichen Spanien ein Teil der spanischen, christlichen Kultureinheit? Gewiß nicht. Waren es die sefardischen Flüchtlinge in den Ländern rings ums Mittelsmeer? Bei den Sefardim gibt es seit der Vertreibung von der iberischen Halbinsel keine Verbindung mehr mit ihrer früheren Heimat, während die Aschkenasim nie aus dem ganzen deutschen Sprachgebiet vertrieben wurden und die nach Osteuropa ausgewanderten und die zurückgebliebenen immer miteinander in Kontakt blieben.

Wenn eine gewisse Gruppe nicht einen Teil der Kultureinheit bildet, dann kann ihre Sprachform – obgleich mit der jener Kultureinheit 'genetisch' verbunden – nicht ein Dialekt jener Sprache sein. Darum können Jiddisch, Ǧidisch, Parsisch usw. nicht Mundarten des Deutschen, Spanischen, Persischen etc. sein.

Jüdisch + -Sprachen

Eine beliebte Bezeichnungsweise bestimmt den Namen einer Grundsprache durch das einleitende Wort Jüdisch, also Jüdischdeutsch, Jüdischspanisch, Jüdischarabisch usw. Diese Bestimmung wird in zwei Bedeutungen gebraucht. Der Name Jüdischspanisch kann den Zweck haben, ein ungefähres Bild eines geschichtlichen Vorgangs zu geben, d.h., eine Sprache zu beschreiben, die von Juden aus dem Spanischen entwickelt wurde. Andererseits kann sie bedeuten, daß dieses Sprachgebilde zwar jüdische Elemente besitzt, aber doch einen Teil der spanischen Sprache darstellt.

Gegen die erste Erklärung ist einzuwenden, daß eine solche Nomenklatur sonst in der Linguistik nicht üblich ist, und daß sie, wenn sie im Fall der Juden richtig ist, sie auch bei andern Völkern angemessen sein muß. Französisch wäre also folgerichtig als Gallolateinisch zu klassifizieren, und Englisch als Französischdeutsch oder Normannischangelsächsisch. Das einzige Argument gegen diese Folgerung wäre: „Ja, Bauer, das ist ganz was anderes!"

Wenn aber „Jüdischspanisch" einfach die jüdische Abteilung der spanischen Sprache bedeuten soll, dann müssen wir wieder fragen: Wenn die „jüdischspanisch" sprechende Gruppe, wie wir wissen, nicht zur spanischen, christlichen Kultureinheit gehört, wie kann dann ihre Sprachform einen Teil der spanischen Sprache ausmachen?

Dieser Bezeichnungstyp wurde, und wird, auch von Wissenschaftlern gern benutzt. In einem Fall jedoch hat die wachsende Erkenntnis des wahren Sachverhalts schließlich zu einem fast völligen Verschwinden jenes Typs geführt – die Bezeichnung Jüdischdeutsch ist so gut wie überall durch den Namen Jiddisch ersetzt worden*.

Sprachen

Wir haben alle bisher erörterten Benennungen der jüdischen Sprachgebilde als unpassend befunden. Im vorigen Abschnitt haben wir bei der Kritik des Namens „Jüdisch+" die Definition des Wortes Sprache entdeckt**: Das mündliche (und schriftliche) Mittel der Verständigung in einer deutlich abgegrenzten Kulturgruppe. Da jede jüdische Gruppe eine kulturelle Einheit bildet, so muß ihr Sprachgebilde eine Sprache genannt werden.

Wenn also Linguisten und Philologen, deren Forschungsgebiet Deutsch, Spanisch, Persisch usw. ist, die „Dialekte der Juden" oder

* Hierzu scheint die im Literaturverzeichnis unter Nr. 40 verzeichnete Grammatik einen gewissen Anstoß gegeben haben. Es ist schade, daß damals nicht die Form Jidisch gewählt wurde, die der jiddischen Lautung entspricht.

** Wir haben es hier nur mit Kultursprachen zu tun.

die „Jüdisch"+sprachen als Quellen für ältere Stadien des Deutschen, Spanischen, Persischen usw. betrachten und bearbeiten, so ist das selbstverständlich richtig und nützlich. Aber meist ist es ihnen nicht klar, daß die jüdischen Sprachgebilde – so wie ihre Sprecher – nicht Punkte an der Peripherie des deutschen, spanischen, persischen Mittelpunktes, sondern selbst Mittelpunkte sind.

Auch aus andern Gründen müssen wir für sie den Namen Sprache benutzen. Der Begriff Sprache kann zwar nicht bloß auf sprachliche Kriterien – Laute, Grammatik und Wortschatz – gegründet sein, es ist aber nichtsdestoweniger klar, daß, wenn sie sich in diesen Dingen wesentlich unterscheiden, sie unabhängige Sprachen genannt werden müssen. Das Maß ihrer Unähnlichkeit zeigt an, wie weit die Geschichte ihrer Sprecher verschieden ist. Wenn man dieses bloß auf sprachlichen Unterschieden beruhende praktische Kriterium benutzt, dann werden eine Anzahl jüdischer Sprachgebilde offenbar Sprachen genannt werden müssen. Man nehme z. B. Jiddisch und Deutsch. Es gibt nicht sehr viele Wörter, die in beiden lautlich identisch sind wie etwa Tisch/*tiś*, vier/*fiir*, noch/*nox*; die Systeme der Flexion und Syntax unterscheiden sich weitgehend; bloß geringe Teile des Wortschatzes stimmen in beiden Sprachen überein, selbst die 50–60 vom Hundert aus deutschem Material geformten Wörter enthalten viele neue, im Deutschen nicht vorhandene Formungen; die semantische Entwicklung klafft weit auseinander.

Man geht vielleicht nicht zu weit, wenn man die Frage erwägt, ob der Name Sprache selbst dann richtig wäre, wenn sich die jüdische und nicht jüdische Sprache bloß durch ihre Schrift unterschieden. Denn die Verschiedenheit des Alphabets ist ein unverkennbares Zeichen, daß die Schreiber dieser Sprachen in getrennten Kulturreichen leben. Die Verschiedenheit der Schrift bildet ein oft fast unüberwindbares praktisches Hindernis zwischen Schriftsprachen der beiden Gruppen. Wieviel Nichtjuden, selbst Gelehrte, die sich für eine jüdische Sprache interessieren, haben das Hindernis des hebräischen Alphabets überwunden? Und wieviel Juden konnten vor der Emanzipationsperiode das Deutsche lesen? Wieviel Juden Nordafrikas das Arabische oder das Persische in Persien? Aber sie waren alle vollkommen imstande, mit den Nichtjuden zu sprechen. Das gleiche gilt selbstverständlich auch für die Beziehungen zwischen anderen Sprachen. Der graphische Unterschied zwischen Kroatisch und Serbisch, bei fast vollkommener Übereinstimmung im Sprachlichen, ist ein Beispiel unter sehr vielen. Sogar eine geringe Verschiedenheit im Schrifttyp kann wirkliche Schwierigkeiten verursachen. Engländer, die deutsch sprechen und lesen können — wenn es in Lateinschrift erscheint — rühren nichts an, das in „gothischer“ Schrift geschrieben oder gedruckt ist.

Judentumssprachen

Was bedeutet die Existenz dieser jüdischen Sprachen?

Im Lauf der Geschichte treten bei allen Menschengruppen des Erdkreises fortwährend neue Sprachen auf. Warum das geschieht, liegt manchmal auf der Hand, wie im Falle des Englischen, aber nicht immer ist es so selbstverständlich. Was sind die Ursachen, denen die Schöpferischkeit der Juden auf diesem Gebiet zu verdanken ist? Wir haben die Wahl zwischen einer ganzen Reihe bisheriger Erklärungen. Sie sollen nun untersucht werden.

„Rasse“

Wenn wir annehmen, daß jede „Rasse“ ihre eigene Weise hat, Sinneseindrücke aufzunehmen und auf sie zu reagieren, dann sollten wir erwarten, sie in der Sprache reflektiert zu finden. Da die Juden, wie wohl die meisten Menschengruppen, eine Verbindung aus verschiedenen „Rassen" darstellen, so würden wir zuerst herauszufinden haben, aus welchen „Rassen" sie bestehen. Danach würden wir festzustellen haben, was die besondere Weise ist, in der sie Sinneseindrücke aufnehmen und auf sie reagieren; ferner hätten wir zu entdecken, wie sich das sprachlich äußern würde; und schließlich hätten wir den Wirrwar der vielen verschiedenen Fäden zu entwirren, die den „Rassen"elementen der betreffenden Gruppe zugeordnet sind. Dies ist offenbar eine unmögliche Aufgabe. Die rassische Erklärung ist also vollkommen wertlos.

„Der Volksgeist"

Nach anderen ist es der Volksgeist der Juden, der sich in den von ihnen übernommenen Sprachen äußern muß, indem er den neuen Stoff gemäß seinem Wesen und seinen Bedürfnissen umformt.

Was aber bedeutet Volksgeist? Ist es vielleicht nur ein anderer Name für die Charakteristik der „Rasse?" Oder ist es etwas Greifbares: Die Summe der Einflüsse und Ergebnisse der Geschichte des Volkes? Wie dem auch sei, der Volksgeit als solcher ist keine hinreichende Erklärung, obgleich es ein Schritt in der rechten Richtung sein könnte.

„Konservativismus"

Es ist oft bemerkt worden, daß die jüdischen Sprachen phonologische und morphologische Züge, Wörter und Konstruktionen aufweisen, die zu früheren Perioden der betreffenden nichtjüdischen Sprache gehören, dort aber verschwunden sind – entweder aus der Gemeinsprache oder aus den Mundarten oder aus beiden. Ǧidisch

z. B. hat die Phoneme /ʃ/ und /dʒ/ des Altspanischen, das Neuspanische aber für beide das gleiche /x/: Ğidisch /deʃar, dʒugar/ – Span. /dexar, xugar/ (*dejar, jugar*); Jiddisch hat das Wort *hait*, während es im Deutschen und Englischen nicht mehr selbständig auftritt, sondern nur als Suffix erscheint: *Kindheit, childhood, maidenhead*; im Jiddischen dagegen ist das Suffix verloren gegangen, da es mit dem Suffix *ik* (mhd. *ic*, nhd. *ig*) zusammenwuchs und dann verallgemeinert und auch dort gebraucht wurde, wo es kein ursprüngliches Suffix gab, z. B. *uurymkait* ‚Armut;' Formen wie *iîdyny* ‚Jüdin', *fuudym* ‚Faden' setzen mhd. *jüdinne* und *fadem* fort, während das Nhd. *Jüdin* und *Faden* sagt; Die Konstruktion *visn zaan* ‚in Kenntnis gesetzt werden' entspricht einer allgemeinen mhd. Konstruktion aus Präsens Partizip mit dem Verbum Substantivum, in unserem Falle: *wiȥȥende sîn*, eine Wendung, die im Nhd. nicht existiert.

Die Tatsache solcher Archaismen wurde – und wird vielleicht auch jetzt noch – von manchen als das Kennzeichen der jüdischen Sprachen angesehen, und diese „archaischen Züge" dem jüdischen Konservatismus zugeschrieben und so die Existenz der jüdischen Sprachen erklärt. Jüdischer Konservativismus mag eine bekannte Tatsache sein, aber mit den „Archaismen" hat sie nichts zu tun. Jedes Paar verwandter Sprachen enthält zahlreiche Beispiele dieser Art. Englisch hat das alte /t/, während das (Hoch)deutsche zu /ts/ fortgeschritten ist: *to* – *zu*; Englisch hat das Verb *to sell* ‚verkaufen', einem mhd. *sellen* entsprechend, das aber im Nhd. nicht mehr erscheint. Es hätte keinen Sinn, den wohlbekannten Konservativismus der Engländer für diese Erscheinungen verantwortlich zu machen. Andererseits hat das Deutsche den Vokal /e/ bewahrt, während das Englische ihn unter gewissen Umständen zu /i/ gehoben hat: /ze:n/ ‚sehn' – /si:/ ‚sehen' Wenn jedoch der Sehwinkel falsch ist, sieht man die „Archaismen" in den jüdischen Sprachen in einem unverhältnismäßig grellen Licht und übersieht die gleiche Erscheinung in den nichtjüdischen Sprachen. Vom Jiddischen aus gesehen hat das Deutsche viel mehr Altes erhalten. Es gibt z. B. im Jiddischen keine Entsprechungen für viele selbst wesentliche Wörter wie *immer, niemand, überall, langsam, empfangen, beschützen*; die deutsche Gemeinsprache und die Hälfte der Mundarten haben noch das Präteritum, das im Jiddischen nicht mehr zu finden ist. Wenn man bei der Besprechung der „Archaismen" in den jüdischen Sprachen Ausdrücke wie „Bewahrung alter Schätze" gebraucht hat (was wohl deutschen Juden dazu dienen sollte, der Umwelt ihr Deutschtum ins volle Licht zu rücken), dann wäre es nur folgerichtig, dasselbe beim Vergleich des Englischen und Deutschen zu tun und darauf hinzuweisen, daß das Deutsche das Wort *Stück* „getreulich bewahrt hat", während im Englischen keine Spur mehr vom angelsächsischen *stycce* zu finden ist. Italienisch und Spanisch haben das lateinische *caput* erhalten (*capo, cabeza*), Französisch dagegen (gallischen Ursprungs gemäß rerum novarum cupida) hat dafür *tête* (*testa* ‚Topf'). Umsonst würden wir Abkömmlinge der lateinischen *puer* und *puella* suchen – it. *ragazzo* und *ragazza*, sp. *mozo* oder *muchacho* und *moza* oder *muchacha*, aber auch *hija* (lat. *filia*), franz. *garçon* und *fille* (*filia*). Es wäre nicht leicht zu entscheiden, ob die Franzosen oder die Spanier bessere Hüter der Schätze sind – die ersteren haben das lateinische *femina* als *femme* bewahrt, während die letzteren es vorzogen, das lateinische *mulier* als *mujer* /muxer/ zu erhalten. (Das spanische *hembra/femina* gehört nicht in unseren Zusammenhang, da es nur das weibliche Tier bezeichnet.)

Es ist ganz unnötig, nach besonderen Gründen für solche Entwicklungen zu suchen. Phoneme, Formen, Wörter, Konstruktionen erscheinen, entwickeln sich und verschwinden in einer Sprache, meist ohne Beziehung zu anderen Sprachen. Eine Form, die heute in zwei Sprachen die gleiche ist, kann morgen zwei verschiedene Wege einschlagen. Es ist darum selbstverständlich, daß es im Jiddischen, Ǧidischen und anderen jüdischen Sprachen Elemente gibt, die im Deutschen, Spanischen usw. ausgestorben sind.

„Treue"

Eine andere angebliche Ursache für die Existenz dieser Sprachen ist die Treue, mit der ausgewanderte Juden an der Sprache ihres früheren Heimatlandes hingen. (Diese Erklärung sollte natürlich das Deutschtum der deutschen Juden hervorheben.) Hat es aber Sinn, anzunehmen, daß die Mentalität der mittelalterlichen Auswanderer und Ausgetriebenen die gleiche war wie sie bei modernen Sprachnationalisten und jüdischen Assimilanten zu finden ist?

Es ist ganz unnötig, jenen Juden besonderen Konservativismus und besondere Treue zuzuschreiben. Im Gegenteil, es ist vollkommen natürlich, bei der eigenen Sprache zu bleiben. Sprachwechsel ist schwierig und wird nicht leicht unternommen. In den neuen Ländern lernten diejenigen, die mit den Einheimischen Kontakt haben mußten, deren Sprache, hatten aber keinen Grund die eigene aufzugeben, besonders da sie in Städten wohnten und dort sehr oft die Mehrheit der Einwohner bildeten. Von Treue als der Entstehungsursache der jüdischen Sprachen kann also keine Rede sein.

„Wanderung"

Die Trennung vom ursprünglichen Sprachgebiet – wodurch die Juden die dortige Sprachentwicklung nicht mitmachten – wird oft als die Ursache der jüdischen Sprachgebilde angesehen. Dieser Faktor, der eine so wichtige Rolle in der allgemeinen Sprachgeschichte spielt, erklärt zweifellos viel; die Juden, die ein gewisses Gebiet verlassen hatten, bewahrten, entwickelten und verloren in ihren Sprachen andere Elemente als die Nichtjuden, die im Sprachgebiet verblieben; dazu kommt noch die Einwirkung der Sprachen in den neuen Ländern. Aber der geographische Faktor ist nicht in der Entwicklung aller jüdischen Sprachen vorhanden: das Westjiddische z.B. lebte ein Jahrtausend auf dem deutschen Sprachgebiet; das Italkische war fast ganz auf Italien beschränkt; das Maarawische Nordwestafrikas unterscheidet sich morphologisch, lexikalisch und phonologisch vom islamischen Arabisch seiner Nachbarn.

„Ghetto"

Daß Juden und Christen, die neben einander leben, verschieden sprechen, erschien den Menschen seit ungefähr der zweiten Hälfte des 18. Jahrhunderts so abnormal, daß sie nach einer Ursache suchten, die das erklären könnte. Manche fanden sie in dem Umstand, daß die Juden, wie sie sich ausdrückten, „zwangsweise aus der Volksgemeinschaft ausgeschlossen und ins Ghetto gesperrt worden waren, so daß ihre Sprache den Zusammenhang mit der allgemeinen Entwicklung verlor." Dies ist im Wesen dieselbe wie die geographische Erklärung.

Aber beim Ghetto kann man ja gar nicht von einer wirklichen Trennung und Isolierung sprechen. Das Ghetto war nicht von seinen Nachbarn abgeschnitten. Es war ein Mittel, die Juden abzusondern, nicht sie in ein Gefängnis einzusperren. Beruf, Einkäufe und dgl. führte sie aus dem Ghetto hinaus und nur bei Nacht waren sie ‚eingesperrt' oder, von innen aus gesehen, waren die Tore sicherheitshalber verschlossen. Verkehr mit den Nichtjuden derselben Stadt muß zumindest nicht weniger, sondern viel häufiger gewesen sein, als es heute bei den Sprechern verschiedener Mundarten im selben Lande der Fall ist. Das Ghetto hat wohl zur getrennten sprachlichen Entwicklung der Juden beigetragen, kann jedoch nicht als ihre Ursache angesprochen werden. Überdies gab es jüdische Sprachen vor dem Ghetto und in Ländern ohne Ghetto.

Der gruppenbildende Faktor

Keine der bisherigen Erklärungen reicht hin, das Warum und Wie der Entstehung jüdischer Sprachen aufzuzeigen. Die Ursache, die wir suchen, muß für die Gesamtheit dieser Sprachen gelten. Dürfen wir nicht erwarten, ihren Ausdruck darin zu finden, daß gewisse Erscheinungen ihnen allen gemeinsam sind?

Es gibt solche: Alle enthalten ein Element hebräischen und aramäischen Ursprungs und alle werden mit dem hebräischen Alphabet geschrieben.

Woher kommt dies hebräische und aramäische Element? Und warum benutzen diese Sprachen das hebräische Alphabet? //

Das hebräische und aramäische Element gehört zu einer ununterbrochenen Entwicklung im Sprechen und Schreiben. Es stellt das gegenwärtige sprachliche Stadium eines Vorgangs dar, dessen frühere Stadien sich in der Sprache der Bibel, der Mischna, der Gemara usw. kristallisiert hat. Mit anderen Worten, das hebräische und aramäische Element ist mit der Sphäre der Religion verbunden. Das bedeutet nicht, daß die hebräischen und aramäischen Wörter dieser Sprachen ausschließlich religiöse Begriffe zum Inhalt haben. Im Gegenteil, dies kann nur von einer kleinen Minderheit gesagt werden. Überdies ist das Element nicht auf den Wortschatz begrenzt, sondern findet sich in den meisten der anderen sprachlichen Gebiete.

Sprache ist ein Ausdruck des Gruppenlebens. Das hebräische und aramäische Element legt Zeugnis dafür ab, daß die Gruppen, die es gebrauchen, ihre Grundlage in der jüdischen Religion haben. Mit anderen Worten, der gruppenbildende Faktor beim jüdischen Volk ist das Judentum. Daß die Neuzeit Bestrebungen sieht, dies zu ändern, kann die Beschreibung des bisherigen Zustandes nicht beeinflussen – weder der Wunsch, die jüdische Gruppe zu einer „Konfession“ innerhalb anderer Völker zu machen, noch sie auf Boden, Staat und Sprache zu gründen.

Religion und Alphabet

Religion als Ursache der Entwicklung jüdischer Sprachen wird durch ihre Schrift bestätigt. Obwohl es in dieser säkularisierten Welt der Gegenwart sonderbar erscheinen mag, so ist es doch nichtsdestoweniger eine Tatsache, daß das Alphabet einer Sprache im allgemeinen durch die Religion ihrer Sprecher bestimmt wird. Kroatisch z. B. wird mit lateinischer Schrift geschrieben, weil die Kroaten zur westlichen Kirche gehören, während das Serbische, das mit dem Kroatischen so gut wie identisch ist, in kyrillischer Schrift erscheint, da die Serben eine östliche Kirche haben. Das Maltesische, stofflich eine arabische Sprache, wird mit dem lateinischen Alphabet geschrieben, weil die Malteser ein christliches, der westlichen Kirche angehöriges Volk sind, während die islamischen Araber sich des „arabischen“ Alphabets bedienen. Urdu benutzt die Schriftzeichen des Korans, weil seine Sprecher Moslems sind, während Hindi eine hinduisierte Adaptierung des Urdu, mit dem es phonologisch und grammatisch identisch ist, in der Devanagari-Schrift erscheint, weil die Sprecher des Hindi der Hindureligion angehören. Dies sind nur wenige Beispiele. Fälle, bei denen der religiöse Faktor nicht zumindest die geschichtliche Ursache für den Gebrauch einer Schrift war, scheinen selten zu sein (Die Annahme des Alphabets in der alten Welt ist ein Sonderfall). Wenn Kemal Atatürk im Jahre 1928 die arabische Schrift für das Türkische abschaffte und durch die lateinische ersetzte, so geschah dies als Teil seiner Politik der Verwestlichung. Es war ihm nicht klar, daß selbst der moderne säkularisierte Westen nicht nur auf christlichem Fundament erbaut ist, sondern noch immer wesentlich christlich ist. Übrigens hätte es ihm nichts ausgemacht, auch wenn es ihm klar gewesen wäre.

Säkularisierte jüdische Sprachen

Man könnte die Frage aufwerfen: Gibt es nicht einen gewichtigen Einwand gegen die These, daß das Judentum die Quelle des jüdischen Sprachschaffens ist, wenn wir sehen, daß beträchtliche Teile der jiddisch sprechenden Judenheit mehr oder weniger säkularisiert sind, ihre Sprache aber bewahrt haben. Wir sahen den Aufstieg sekulärer Bestrebungen, denen Sprache die ganze Grundlage des Volkstums bildet, im Falle des Jiddischen, oder einen Hauptteil dieser Grundlage, im Falle der neuen Sprache Iwrit. Dies macht jedoch unser Ergebnis nicht ungiltig. Obwohl der Schöpfer der Gruppe für jene Bewegungen nicht mehr existiert, so bedeutet das doch nicht, daß die Gruppe ihre Sprache aufgeben und verschwinden muß. Die Änderung im Wesen der Gruppe muß jedoch sprachlichen Ausdruck finden. Die Sprache der säkularisierten Juden ist nicht mehr dieselbe wie die ihrer Vorfahren. Damit ist nicht der Gebrauch der Wörter für die vielen neuen Tatsachen, die es früher nicht gab, gemeint, sondern Eingriffe in den Charakter der Sprache. Das von den modernen Juden geschaffene (und von den nichtmodernen Juden übernommene) Jiddisch hat in recht beträchtlichem Maße neuhochdeutsches Sprachmaterial in Wortschaft, Morphologie, Grammatik und Rechtschreibung übernommen, andererseits viele hebräische und aramäische Elemente aufgegeben. Man könnte sagen, dies sei ein Anzeichen dafür, daß Jiddisch begonnen habe sich in zwei Sprachen aufzuspalten.

Jüdische Sprachenkunde

Der Gegenstand der vorliegenden Studie ist hier nur sehr kurz umrissen worden. Er ist zum größten Teil ein unbeackertes Feld, so daß es nur wenige Vorarbeiten gibt, aufgrund derer ein großes, ausführliches Werk geschrieben werden könnte. Die meisten jüdischen Sprachen sind überhaupt noch nicht Gegenstand der Forschung geworden, und selbst die best erforschten wie Jiddisch und, in zweiter Linie, Ğidisch erfordern noch lange und intensive Bearbeitung.

Aber wenn all dies schon getan wäre, hätten wir es nur mit der Sprachkunde einzelner Sprachen zu tun. Es gibt jedoch ein weiteres Ziel — diese Einzelgebiete in einer allgemeinen jüdischen Sprachenkunde zusammenfassen.*

Anhang

Im folgenden sei eine Aufzählung der jüdischen Sprachen versucht. Unsere Kenntnis des Gebietes ist sehr lückenhaft.

Erloschene Sprachen sind durch einen Kreis nach dem Namen bezeichnet. Ein Sternchen bedeutet Unsicherheit. Die Namen sind in einer Form gegeben, die auf dem bei den Sprechern selbst üblichen (so weit bekannt) beruht. Sonst sind die vorgeschlagenen und teilweise schon rezipierten — Namen nach verschiedenen Gesichtspunkten gewählt. — Ğ, ğ = englisch j.

Althebräisch°: Palästina. *Altjewanisch°*: Griechisches Sprachgebiet. *Altwestaramisch°*: Palästina. — *Altostaramisch°*: Mesopotamien. *Arwisch:* Mittelosten, India („Baghdadim"). — *Bucharisch:* Uzbekistan. —

* Das englische Original dieser Studie erschien in der Hertzfestschrift, London 1943. Der Hinweis auf jüdische Sprachenkunde hat m.W. keinen Widerhall gefunden. In den letzten Jahren hat sich Interesse für diese „jüdische Interlinguistik" in der Literatur zu zeigen begonnen.

Čebelisch: Kurdistan. — *Čidezmu* siehe *Čidisch. Čidio* siehe *Čidisch:* Türkei, Balkan. — *Gurğisch**: Georgien. — *Hajisch:* Armenien. — *Ivrit Judesmo:* see *Čidisch.* — *Italkisch:* Italien. — *Jewanisch:* Balkan, Rhodos. — *Jiddisch:* Osteuropa. — *Karai:* Polen, Litauen. — *Karai-Jewanisch*(°): Balkan, Türkei. *Katalanisch:* Katalonien. — *Krimtschakisch:* Krim. — *Mahratisch:* Indien. — *Malayalamisch**: Indien. — *Parsisch:* Persien. — *Shuadit*°: Provence. — *Späthebräische* Schriftsprache. — *Tamaschekisch:* Nordwestafrika. *Tatisch:* Daghestan, Soviet Aserbaidschan. — *Temanisch:* Jemen. — *Tschaltai:* Krim. — *Zarfatisch*°: Nordfrankreich. — *Samaritanisch*°: Palästina.

Linguistische Übersicht

Die jüdischen Sprachen gehören zu fünf Sprachstämmen. (In Klammern die parallelen nichtjüdischen Sprachen.)

1. Semitisch-hamitischer Sprachstamm

Semitische Sprachfamilie: Nordwestgruppe: *Althebräisch*° (Kanaanäisch, Moabitisch etc.), *Späthebräisch; Altwestaramisch*° (Christlichpalästinisches Altaramäisch), *Altostaramisch*° (Syrisch), *Samaritanisch*°.
Südsemitisch: *Arwisch* (Arabisch), *Maarawisch* (Maghrebinischarabisch), *Temanisch* (Jemenitischarabisch), *Karai-Arwisch** (Arabisch).
Hamitische Sprachfamilie: *Tamaschekisch* (Berber).

2. Indogermanischer Sprachstamm

Griechische Sprachfamilie: *Altjewanisch*° (Koinê), *Jewanisch* (°?) (Neugriechisch), *Karai-Jewanisch** (Neugriechisch).
Italische Sprachfamilie: Lateinischer Sprachzweig: *Latinisch*°: (Lateinisch)

Romanischer Sprachzweig: Ostromanische Gruppe: *Italkian* (Italienisch). Westromanische Gruppe: *Katalanisch* (Katalonisch), *Ğidisch* (Spanisch/Kastilianisch), *Shuadit*° (Provenzalisch), *Zarfatisch* (Französisch).

c) Germanische Sprachfamilie: Westgermanischer Sprachzweig: Deutsche Gruppe: Hochdeutsche Untergruppe: *Jiddisch* (Deutsch).

d) Indo-Iranische Sprachfamilie: Iranischer Sprachzweig: Westiranische Gruppe: *Parsisch* (Persisch/Farsi), *Bucharisch* (Tadschik), *Tatisch* (Tat).

e) Thrakisch-Phrygische Sprachfamilie: *Hajisch* (Armenisch)

3. Ural-Altaischer Sprachstamm

Altaische Sprachfamilie: Turksprachen: *Krimtschakisch* (Krimtürkisch/Krimtatarisch), Tschaltai (Krimtürkisch/Krimtatarisch).

4. Iberisch-Kausasischer Sprachstamm

Gurğisch (Georgisch/Grusinisch).

5. Drawidischer Sprachstamm

Malajalamisch (Malajalam).

I
Äußere Geschichte

Wir wissen sehr wenig über die älteste Periode der jüdischen Geschichte in Europa. Die frühesten Siedlungen befanden sich in den mittelländischen Gebieten. Von hier verbreiteten sie sich nordwärts im römischen Reich. Die Juden sprachen schon längst kein Aramäisch mehr, und die Immigranten, die die Adria westwärts überquerten, gingen bald von ihrem Jewanischen („Jüdischgriechischem") zum Lateinischen über und nahmen an der Entwicklung der romanischen Sprachen teil. Die Gebiete, die heute Nordfrankreich bilden, hießen bei den Juden Zarfas (unter absolut ungeographischer Verwendung des biblischen ṣārėp̄a*t*), woher meine Bezeichnung der Sprache. Von hier aus erfolgte eine Wanderung nach Osten, wo im Rhein- und Moselgebiet und an der oberen Donau die ältesten jüdischen Siedlungen in deutschsprachigen Territorien begründet wurden. Ob die Einwanderer das Zarfatische länger als eine Generation beibehielten, das wissen wir nicht.

Sie übernahmen das Deutsche, aber ihr Deutsch unterschied sich grundsätzlich vom ersten Augenblicke an – naturgemäß – von dem der Nichtjuden. Aus ihrer früheren Sprache erbte es drei neue Elemente, die es im Deutschen nicht gab: ein semitisches (Hebräisch und Aramäisch[1]) sowie ein romanisches

[1] Der biblische Wortschatz im Deutschen ist im Jiddischen nicht zu finden.

(Zarfatisch). Andererseits aber fand selbstverständlich nichts spezifisch Christliches den Weg in die Sprache der Juden, es sei denn ein so sichtbares Objekt wie eine Kirche (*kloister*).

Aus den ersten Jahrhunderten hat sich nichts Jiddisches erhalten. Das älteste datierte Denkmal sind wohl Glossen von c. 1237.[2] Von dem verhältnismäßig reichen jiddischen Material aus den nächsten fünf Jahrhunderten ist bisher nur äußerst wenig veröffentlicht (oft in unbefriedigender Weise) und noch viel weniger erforscht. Doch ist klar, daß sich allmählich eine gewisse, vom Deutschen gesonderte, ziemlich einheitliche Sprachform herausbildete. Einer der Hauptfaktoren dabei war wohl freiwillige und unfreiwillige Binnenwanderung, die einzelne und ganze Gemeinden aus verschiedenen Gegenden zusammenbrachte.

Im zehnten Jahrhundert saßen Juden schon an der Elbe, im elften überschritten sie die Ostgrenze Deutschlands und bauten Siedlungen in slavischen Gebieten auf. Die Hauptwelle dieser Wanderung fällt wohl, als Ergebnis der Verfolgungen, die der Schwarze Tod verursachte, ins vierzehnte Jahrhundert. Parallel mit der Entwicklung im Westen kam es auch in Osteuropa zu einer Verschmelzung der mitgebrachten Mundarten. Der Maßstab war hier allerdings größer und die Synthese unterschied sich sehr erheblich von der westlichen – eine natürliche Folge der Verschiedenheit der Ausgangspunkte. Diese Entwicklung läßt sich aus der Analyse des heutigen Jiddischen Osteuropas unschwer erschließen: sie zeigt in voller Deutlichkeit die deutsch-dialektischen Hintergründe der betreffenden Judenschaften vor ihrer Auswanderung. Das Jiddische hat sich also sehr früh in einen westlichen und einen

[2] Siehe No. 349 in meinem Buch *The Hebrew Scripts.*

östlichen Zweig gespalten. Zum Westjiddischen gehören auch die nachmittelalterlichen Siedlungen aus Deutschland stammender Juden in der Lombardei, in Holland und Dänemark. Im Ostjiddischen kommt dann zu der Verschmelzung im deutschen Element noch die Einwirkung der osteuropäischen Sprachen hinzu.

So wenig wir von den Anfängen des Jiddischen wissen, so gut ist uns sein fast vollständiges Ende im Westen bekannt. Das weitgehende Aufgeben der religiösen Tradition im Gefolge der Aufklärung und Emanzipation bedeutete das Erlöschen eines eigenständigen Lebens und damit der eigenen Sprache. Das frühe neunzehnte Jahrhundert kann als die Untergangsperiode des Jiddischen in Deutschland angesehen werden, wenngleich es sich in Dorf und Kleinstadt länger – teilweise bis in unsere Tage – erhalten hat. Zu den Juden Osteuropas kam die Aufklärung ein wenig später als zu denen Deutschlands. Sie traf dort ganz andere Verhältnisse und Vorbedingungen an. Größere Bevölkerungszahlen, größere Bevölkerungsdichte, fast rein jüdische Städte, aber auch Juden auf dem flachen Lande, und vor allem eine größere Intensität des religiösen Lebens – all das machte eine so schnelle Entjudaisierung wie im Westen unmöglich. Infolgedessen war Sprachassimilation bis in unsere Zeit hinein fast kaum zu finden. Insofern die Aufklärung aber ihre Wirkung hatte, war das Ergebnis in bezug auf das Jiddische zum großen Teil dem im Westen gerade entgegengesetzt. Sie führte im Osten nämlich zur Entstehung eines modernen europäischen Nationalismus unter den säkularisierten Juden. Eine Richtung unter diesen nahm die jiddische Sprache als die Grundlage für ihren Nationalismus. Sie darf sich in ihren Bestrebungen großer Erfolge rühmen, insbesondere zwischen den beiden Weltkriegen.

Aber der Aufschwung fand in Europa ein jähes Ende, als die Nationalsozialisten sechs Millionen Juden ermordeten und Stalin zur gleichen Zeit alle jiddischen Dichter und Schriftsteller umbringen ließ, alle jüdischen Schulen, höheren Bildungsanstalten, Kulturinstitute, Verlage und Theater schloß und die jiddische Presse verbot. Seit damals dauert der kulturelle Volksmord in der Soviet-Union mit unverminderter Intensität an.

Die Zahl der Jiddischsprecher betrug um 1930 rund zwölf Millionen. Ihre Zahl hat sich, statt durch natürlichen Zuwuchs größer zu werden, erheblich verringert. Der Grund ist natürlich der nationalsozialistische Massenmord, denn von seinen rund sechs Millionen jüdischer Opfer waren rund fünf Millionen jiddischer Sprache. Demgemäß sollte es heute ungefähr sieben Millionen Jiddischsprecher geben. Mit einer solchen Ziffer gehört Jiddisch auch jetzt noch zu den mittelgroßen Sprachen der Welt.

Das jiddische Sprachgebiet Europas umfaßt heute die westlichen Republiken der Soviet-Union, den Osten der Slovakei und Ungarns sowie Rumänien. Dazu kommen noch die Kolonien in Westeuropa. Die zweite Hauptgruppe ist die in der westlichen Hemisphäre: in Nord- und Südamerika liegt gegenwärtig der Schwerpunkt der modernen jiddischen Kultur.

Bei der Beschreibung einer Sprache wird nur in den seltensten Fällen ihre Zukunft besprochen. Jiddisch ist eine solche Ausnahme. Seit ungefähr zwei Jahrhunderten wird ihm – von den jüdischen Aufklärern und vielen ihrer Nachfolger – der baldige Untergang vorausgesagt, und das angesichts eines ununterbrochenen zahlenmäßigen und kulturellen Aufstiegs. Zwar haben sich seit Hitler die Umstände zu Ungunsten des Jiddischen geändert, aber Prophezeien ist immer eine mißliche Sache. Vor dem Kriege schrieb ich einmal, daß sogar unter der Annahme des beginnenden Absterbens es Jahrhunderte dauern müßte, bevor eine Ziffer von zwölf Millionen bis zum Nullpunkt sinken könnte – und dann kam Hitler und erwies mir den Irrtum meiner auf normaler Erfahrung beruhenden Voraussage. Aber selbst wenn Jiddisch nur noch zwei oder drei Generationen zu leben hätte, so wäre das kein Grund, es weniger zu pflegen als wenn es hundert Generationen vor sich hätte, denn die Einzelmenschen der wenigen Generationen haben die gleichen Rechte wie die der vielen Generationen. Man vernachläßigt ein Gerät nicht, weil es in absehbarer Zeit ja doch gebrauchsunfähig sein wird.

Die gegenwärtige soziologische Lage des Jiddischen kann hier nicht untersucht werden. Doch sei erwähnt, daß das stärkste und natürlichste sprachliche Beharrungsvermögen in den traditionellen, religiösen Volksschichten zu finden ist, die der modernen jiddischen Kulturbewegung ferne oder gar feindlich gegenüberstehen. Das kann nicht überraschen, da die jiddische Sprache ja der Zeit entstammt, in der diese Schicht das ganze Volk umfaßte.

Die wissenschaftliche Behandlung des Jiddischen wurde im sechzehnten Jahrhundert von deutschen Gelehrten begonnen, allerdings nicht aus philologischen Beweggründen. Die erste „philologische" Verteidigung des Jiddischen stammt aus dem Jahre 1876 (s. Literaturverzeichnis, S. 110, No. 1). Seit den zwanziger Jahren dieses Jahrhunderts ist die Jiddischforschung an verschiedenen Universitäten Europas und Amerikas heimisch geworden.

Die Geschichte des deutschen Namens *Jiddisch* für das Neuostjiddische läßt sich anhand des Literaturverzeichnisses (S. 110) kurz so darstellen: Er wird zum ersten Mal in Nr. 162 vom Jahre 1913 benutzt. Es handelt sich um eine grundsätzliche Änderung der in den betreffenden Kreisen vorher üblich gewesenen Bezeichnung *Jüdisch*, die einfach eine Übersetzung des jiddischen Wortes ist – siehe Nr. 2 von 1902 und die folgenden bis Nr. 9. Andere schrieben *Jidisch*, das sich aber nicht durchsetzte. Es hätte den Vorteil gehabt, daß der Leser das *i* der Stammsilbe lang ausgesprochen hätte, was ja die jiddische Lautung ist. Weitere Beispiele sind 106 von 1916, 40 und 107 von 1918, 108 von 1920, 50 von 1922, 23 und 58 von 1923, 42 von 1924. Es ist möglich, daß die allgemeine Benutzung des Namen Jiddisch auf Nr. 40 zurückgeht – das erste Buch, in dem das neue Wort im Titel erschien, und das noch dazu eine Grammatik der Sprache war. Die erste Veröffentlichung eines Nichtjuden, der sich dieses Namens bediente, scheint Nr. 14 von 1947/48 gewesen zu sein.

Die Form Jiddisch ist offenbar dem englischen Wort *Yiddish* nachgebildet. In unserer Liste erscheint dieses zuerst in Nr. 286 von 1897, nicht unwahrscheinlicherweise das erste Buch, in dem es im Titel steht.

Es wäre wünschenswert, der Geschichte der beiden Bezeichnungen im einzelnen nachzugehen, einschließlich ihrer Ausdehnung auf das Westjiddische und ältere Perioden der Sprache.

II
Das Alter der jiddischen Sprache

Obwohl Jiddisch zu den verhältnismäßig jungen Sprachen gehört, kann man auch bei diesen das Alter nicht ohne weiteres angeben. Der Grund liegt nicht allein in der Dürftigkeit früher Quellen, sondern noch vielmehr darin, daß es für den Begriff „selbständige Sprache" keine allgemein anerkannte Definition gibt. Wir werden das Problem, soweit es das Jiddische betrifft, auf grund fünf verschiedener Kriterien untersuchen.

Das praktische Kriterium

Wenn sich die Angehörigen einer Gruppe mit denen einer anderen sprachlich nicht verständigen können, so werden die betreffenden zwei Idiome wohl allgemein als zwei verschiedene Sprachen angesehen. Wir haben also zu fragen, ob es in Deutschland eine Zeit gab, in der sich Juden und Christen sprachlich nicht – oder nur schlecht – verständigen konnten und wann diese Zeit war. Da die Juden als eine verschwindend kleine Minderheit im Verkehr mit der Mehrheit natürlich deren Sprache benutzten, hat unsere Frage zu lauten: Wann wäre die Verständigung unmöglich – oder wenigstens schwierig – geworden, wenn die Juden ihr eigenes Idiom im Verkehr mit den Christen gebraucht hätten?

Ein wichtiges Zeugnis zu dieser Frage stammt von Johann Christoph Wagenseil, einem berühmten christlichen Hebraisten des siebzehnten Jahrhunderts, der in seiner Belehrung der juedisch-teutschen Red und Schreibart (1690) u. a. sagt: „. . . daß solcher Gestalt / wer sie Teutsch reden hoeret / nit anderst glaubt / als / sie reden pur lauter Hebreisch / indem fast kein einziges Wort verstaendlich fuerkommet" (B recto) und „des reinen Hoch-Teutschen sind sie ungewohnt / und verstehen nit was gesagt wird" (F verso). Das Idiom der Juden wich damals also so wesentlich vom Deutschen ab, daß seine Anfänge geraume Zeit vor dem siebzehnten Jahrhundert gesucht werden müssen.

Das psychologische Kriterium

Das praktische Kriterium ergibt aber – selbst wenn wir mehr Material hätten – doch nur ein sehr ungefähres Resultat. Seine Anwendung erscheint Sprechern unähnlicher Sprachen etwas Natürliches, aber wenn es zu nahe verwandten Sprachen kommt, dann ist es nicht selten, daß sich Angehörige einer Sprache mit denen einer andern verständigen können, obwohl sie sich dessen bewußt sind, daß sie sich zweier verschiedener Sprachen bedienen. Hier ist das Bewußtsein das Entscheidende.

Ein solches Bewußtsein kommt unmißverständlich zum Ausdruck, wenn ein Jude seine Sprache *jüdisch* nennt. Der früheste uns bekannte Beleg stammt aus dem Jahr 1597.

Lange vor Wagenseil hatten sich christliche Hebraisten des sechzehnten Jahrhunderts mit der Sprache der Juden befaßt und über dieses Thema geschrieben. Sie taten es aus Interesse für die jüdische Bibelinterpretation und zu Zwecken der Judenbekehrung, hatten also praktische Gründe. Der sprachliche Unterschied muß ihnen demgemäß sehr erheblich geschienen haben.

Ein christlicher Beleg für die Bezeichnung *jüdisch,* die sich offenbar aufs Jiddische bezieht, ist älter als der jüdische – er datiert von 1478. Die Anfänge des Jiddischen müssen also vor dem fünfzehnten Jahrhundert liegen.

Das linguistische Kriterium

(A) Literatursprache

Wenn wir die von den eben erwähnten Gelehrten des sechzehnten Jahrhunderts dargestellte Sprache mit dem heutigen Jiddischen vergleichen, so finden wir, daß sie – vom Lautstand und slavischen Element abgesehen – im Wesen vollständig mit ihm übereinstimmt. Das geht auch aus dem Vergleich mit dem damaligen Deutschen hervor. Für diesen Zweck steht uns ein sehr bequemes Material zur Verfügung. 1544 erschien der Erstdruck des bedeutend älteren *Samuel-Buches,* eines Epos, das Stoff aus biblischen und nachbiblischen Quellen verarbeitete. 1562 veröffentliche der Ingolstädter Professor Paulus Aemilius eine deutsche Übertragung. Ein Vergleich schon der ersten fünf Strophen zeigt eine ganze Anzahl von Änderungen, die Aemilius für den deutschen Leser notwendig erachtete. Sie zerfallen in die folgenden Kategorien. Er ersetzte

1) Wörter des hebräischen Elements durch deutsche Wörter
   a) von gleicher Bedeutung: *kọọyn gọọdl – hoher Priester;*
   b) die eine Erklärung darstellen:*gọọlys* (‚Exil‘) – *jetzunden;*
2) hebräische durch deutsche Formen: *iüsrọọyl – Israel;*
3) jiddische Wörter des deutschen Elements durch andere

deutsche Wörter: *zixerhaat – guͤte, ful endyn – wenden, laasten – hielten;*

4) Formen deutschen Ursprungs durch andere deutsche Formen: *der neert – erneert, for geebyn – vergeben, gy (nọọd) – g(nad);*
5) Bildungen deutschen Ursprungs durch andere deutsche Bildungen: *gylag – lag;*
6) sehr häufig sind Hinzufügungen: *zin – sin̄ vnd můt, man – der man, dorum – darum so.*

Diese Änderungen stellen in der Hauptsache Eliminierung und Ersatz dar: er hatte sowohl das hebräische, aramäische und sonst jüdische als auch das archaische deutsche Element auszuscheiden und durch das Deutsche seiner Zeit zu ersetzen. Die Hinzufügung von Wörtern scheint fast immer zu der Kategorie Ersatz für ein archaisches deutsches Element zu gehören, wodurch der für den deutschen Leser bereits zu archaische Rhythmus modernisiert werden sollte. Das *Samuel-Buch* war in einer literarischen Sprache geschrieben, die er seinen christlichen Lesern nicht darbieten konnte. Sie war schon lange nicht mehr „zeitgemäß", aber den Juden noch vertraut, obwohl ihre Umgangssprache natürlich nicht so archaisch war. Es gibt kaum eine Zeile ohne ein solches Beispiel oder deren mehr.

Aemilius fertigte nicht einfach die Umschrift eines mit hebräischen Buchstaben geschriebenen deutschen Textes an – er übersetzte von einer Sprache in eine andere.

Die Selbständigkeit des Jiddischen muß also im sechzehnten Jahrhundert schon eine lange Entwicklung hinter sich gehabt haben. Aus dem Ergebnis läßt sich etwa folgendes hervorheben: Die Schriftsprache der Juden hat einen Wortschatz, der – vom Deutschen aus gesehen – viel Archaisches oder Veraltendes enthält: Bedeutungen haben sich gewandelt: *zix fédern*

‚früh sein' – *sich fürdern* ‚eilen', *gynéényn* ist transitiv – mhd. *genæhenen* ist intransitiv; neue Wörter werden nach hebräischem Muster von deutschen Stämmen gebildet: *küinigyn* ‚als König herrschen' nach dem hebräischen Verb *mālak* ‚König sein, herrschen';[1] das Wörterbuch enthält ein semitisches und ein romanisches Element und beide decken sich nicht mit dem semitischen und romanischen Element im Deutschen.

Das vorhergehende Jahrhundert, aus dem wir reichlich Material haben, zeigt dasselbe Bild, so daß wir, unter Berücksichtigung einer zur Entwicklung notwendigen Zeitspanne, zumindest das vierzehnte Jahrhundert als den terminus ante quem ansetzen können. Hiermit sind wir an die Grenze zwischen Neuhochdeutsch und Mittelhochdeutsch gelangt und wollen nun versuchen, anhand lautlicher Verhältnisse im Ostjiddischen weiter in die Vergangenheit vorzustoßen.

(B) Das gesprochene Ostjiddisch

Das Ostjiddische teilt eine Anzahl wesentlicher Abweichungen vom Mhd. mit der Schriftsprache oder den Mundarten des Nhd.: Dehnung der kurzen Vokale in offener Drucksilbe, Diphthongierung von *î, û, iu,* Monophthongierung von *ie, uo, üe.* Die Anfänge dieser Entwicklung liegen zwar jeweils im vierzehnten, dreizehnten, zwölften und elften Jahrhundert, doch wissen wir nicht, wann sie im Ostjiddischen erscheinen; sie bieten uns daher keine chronologischen Anhaltspunkte. Dagegen weisen die folgenden Erscheinungen auf mittelhochdeutsche Zeit: *v* aus germ.

[1] Das jiddische Wort hat offenbar nichts mit dem mhd. *künigen* zu tun, das ‚König werden' bedeutet und ein Hapaxlegomenon zu sein scheint.

f in stimmhafter Umgebung: *oivn* mhd. *oven,* aber *f* aus germ. *p* : *ślufn, léfl* – während im Nhd. die beiden Reihen zusammengefallen sind: *Ofen, schlafen, Löffel.*

B̄, d, g, s sind – anders als in den hd. Mundarten – stimmhaft geblieben:

Mhd. *blâ (w)*	jidd. *bluu*	,blau'
dringen (,dringen')	*dringyn*	,Schluß ziehen'
grim(mm)	*grim-coorn*	,Wut'
selb dritt	*zalby-drit*	,selbdritt'

B und *g* werden – anders als im Deutschen – nie Spiranten:

blîben	*bleiwe*	*blaabn*	,bleiben'
tac/tag	*Tach*	*tug*	,Tag'

Der Dentalanwuchs fehlt:

obeȥ	*oips*	,Obst'
bâbeȥ	*poips*	,Papst'

Das passive Partizip von *laaiyn* ,leihen' entspricht einer mhd. Form:

gelihen/geligen	*gylign*	,geliehen'

Das Verb *niesen/niessen* ist stark geblieben (hat aber den grammatischen Wechsel aufgegeben):

genorn	*gynosn*	,geniest'

Eine Anzahl von Formen entsprechen den mittelhochdeutschen:

bir	*bâr*	,Birne'
bodem	*boidym*	,Boden'
buosem	*bjjzym*	,Busen'
guomen	*gjjmyn*	,Gaumen'
hëlfant	*hélfand*	,Elefant'
nâhent	*nuunt/nuuynt*	,nahe'
vrëgen	*fréign*	,fragen'

Beispiele für Übereinstimmung im Wortschatz:

diech ‚Oberschenkel‘	*diiex/diix*	‚Hüfte‘
ietlich/itlich	*itlex*	‚jeglich‘

Übereinstimmung im Geschlecht:

der höuschricke	*der haiśerik*	‚die Heuschrecke‘
der sock (ck)	*der zok*	‚die Socke‘

Der im Mittelhochdeutschen so stark verbreitete Gebrauch des unflektierten Adjektivs ist teilweise erhalten: Ein attributives Adjektiv zwischen unbestimmtem Artikel und einem Neutrum bleibt in allen Kasus unflektiert:

kleinez / klein	*a klain kind*	‚ein kleines Kind‘
kleines / klein	*a klain kinds*	‚eines kleinen Kindes‘
süezem / süeze	*mit a ziis luuśn*	‚mit süßer Rede‘
grôzez / grôz	*er ot gygéibn a grois gyśrai*	‚er stieß einen lauten Ruf aus‘

In gewissen Fällen wird unflektiertes *grois* ohne Artikel und ohne Rücksicht auf das Geschlecht des Substantivs gebraucht: *mit grois kuvyd* ‚in Ehrerbietung; „mit vorzüglicher Hochachtung“ ‘; *mit grois hasmuudy* ‚mit großem Fleiß‘.

Ein genaueres Datum als einfach „die jiddische Sprache hat ihren Beginn in mittelhochdeutscher Zeit“ läßt sich vielleicht aus den folgenden Tatsachen erschließen.

Ein recht genauer Hinweis scheint sich aus der mundartlichen Gliederung des Ostjiddischen zu ergeben. Eine der Hauptgrenzen wird von der *oi/ẹi*-Linie gebildet: *oib/ẹib* ‚ob‘. Das *oi* geht auf einen kurzen Vokal zurück (mhd. *ob*), der vom dreizehnten Jahrhundert an gedehnt wurde. Die Emigranten, die aus Polen nach Weißrußland und Litauen zogen und deren Nachkommen heute die ei-Aussprache haben, können nicht vor diesem terminus post quem ausgewandert sein, denn ihr *ẹi* geht offensichtlich über *öi* auf *oi* zurück. Der terminus ante quem ergibt sich aus einer andern Lautverschiebung, der von *u* zu *i* (Umschrift: *j*) und von *u* (aus *uo*) zu *ii* (Umschrift: *jj*). Es gibt Gründe, ihre Anfänge in Deutschland zu suchen. Im Osten breitete sich der neue Laut nordwärts bis zur Grenze mit Weißrußland aus. Dies konnte kaum nach 1569 geschehen, als diese Grenze schwand. Wahrscheinlich auch nicht nach 1385, als die Länder unter einer Krone vereinigt wurden. Die Mitte des vierzehnten Jahrhunderts wäre also der späteste Zeitpunkt, an dem die Auswanderer Polen verließen und bereits das *oi* mitnahmen. Dies deutet vermutlich auf einen Zusammenhang mit der großen Wanderwelle aus Deutschland unmittelbar nach 1348, dem Jahr des Schwarzen Todes und der damit verbundenen großen Judenverfolgungen. Im Westjiddischen haben wir nämlich schon um diese Zeit den Übergang von *u* zu *ü* und von *uu* zu *üü*.

Ein weiterer Hinweis findet sich in der Morphologie. Jiddisch hat, wenn auch nur in beschränkter Anwendung, eine Form für den Genitiv: *der mjjmys* ‚der Tante'. In den deutschen Mundarten dagegen existiert sie nicht mehr.[2] Da sie, wie es scheint, schon im dreizehnten Jahrhundert im Mhd. im Verschwinden begriffen und der Verlust im vierzehnten Jahrhundert vollständig war, könnte die Zeit um 1300 als die Trennungsperiode zwischen Ostjiddisch und Deutsch angenommen werden.

In noch frühere Zeit, ins dreizehnte Jahrhundert, führen uns Formen wie *poips* ‚Papst' gegen stätmhd. *bâbest* mit *t*-Epithese.

[2] Die wenigen Punkte des deutschen Sprachgebiets, wo der Genitiv noch lebt, sind alemannisch, haben also mit dem Ostjiddischen keine sprachliche Verbindung.

Gewisse aus dem Polnischen stammende Wörter haben ein *r* gegen polnisches *ž*, z. B. *raiśy* – *žeśuf* (Rzeszów, Stadtname). Sie wurden also zu einer Zeit übernommen, als das polnische *r* noch nicht palatalisiert war oder dieser Prozeß eben begonnen hatte. In den ältesten polnischen Handschriften (13. Jahrh.) ist das *r* bereits auf dem Wege zur modernen Aussprache. Da die jüdische Einwanderung aus Deutschland am Ende des elften Jahrhunderts begann, konnte die Einverleibung solcher Wörter kaum nach dem zwölften stattgefunden haben.

Ein Anzeichen eines noch früheren Datums könnte vielleicht im jiddischen *x* gesehen werden, das einheitlich der deutschen Spaltung in ach- und ich-Laut gegenübersteht. Es ginge nicht an, diese auf das alemannische oder südbairische *x* zurückzuführen, da das Ostjiddische in keiner andern Hinsicht zu diesen Mundarten paßt. Es wäre also vielleicht möglich, das jiddische *x* auf das einheitliche althochdeutsche *ch* zurückgehen zu lassen. Damit wären wir vor die Mitte des elften Jahrhunderts gelangt.

In eine noch frühere Zeit kommen wir durch das romanische und semitische Element. Beide gehören von Anfang an zu der Sprache der ins deutsche Gebiet eingewanderten Juden und schieden ihr Idiom von dem der Christen.

Und hier mündet das linguistische in das soziologische Kriterium.

Das soziologische Kriterium

Sprache gehört zum Gruppenleben, zum Leben in einer Gemeinschaft. Als die Juden sich in Deutschland niederließen und die deutsche Sprache annahmen, wurde sie dadurch unmittelbar jüdisch – die Sprache einer Gruppe, einer Gemeinschaft: die jiddische Sprache war ins Leben getreten. Dies ist weder ein Paradox noch eine theoretische Konstruktion. Die Anfänge solcher Entwicklung können auch heute überall beobachtet werden, wo Einwanderer eine Gruppe in neuer Umgebung bilden. Ob dieses Stadium zur Auflösung der Gruppe oder zu einer sprachlichen Eigenentwicklung führt, hängt natürlich von den jeweiligen Umständen ab.

Um das Alter des Jiddischen zu finden, haben wir also festzustellen, wann sich die Juden in deutschsprachigen Gebieten ansiedelten. Dafür haben wir seit dem neunten Jahrhundert definitive Nachrichten. Dies hat also unser Datum für den Beginn der jiddischen Sprache zu sein.

III
Die Elemente des Jiddischen und ihre Lautgeschichte

A. Semitisch

Dieses Element erscheint in Wortschatz und Grammatik. Wörter wie śabys ‚Sabbath' und *cduky* ‚Wohltätigkeit; Almosen' waren von Anfang an Bestandteil der Sprache, mündliches Erbgut aus vorjiddischer Zeit. Es handelt sich also nicht um Lehnwörter, die allmählich dem Deutsch der Juden einverleibt wurden. In diesem Sinne könnte man sagen, daß die semitische Schicht die ältere sei, der dann die germanische beigefügt wurde.

Das hebräische Element stammt aus verschiedenen Epochen des Hebräischen. Aus der Bibel kommen nur eine verhältnismäßig geringe Anzahl von Wörtern und diese wurden durch die Mischna und die mittelalterliche Literatur vermittelt. *Lyvuuny* ‚Mond' z. B. ist in der Bibel nicht das gewöhnliche Wort, sondern eine poetische Bezeichnung (‚die Weiße'), wurde aber später der gewöhnliche Name und kam als solcher ins Jiddische. Er ist also nur indirekt biblischen Ursprungs. Die große Mehrheit stammt aus der talmudischen Periode: *iker* ‚Hauptsache', *nifter* ‚Verstorbener', *sxjs* ‚Verdienst' (ethisch). Viele sind mittelalterlicher Herkunft, z. B. *hislaavys* ‚Begeisterung'.

Jiddisch besitzt Flexion hebräischer Herkunft: beide Pluralendungen des Hebräischen sind im Gebrauch: *prat* ‚Einzelheit' – *pruutym, iysod* ‚Grundlage' – *iysoidys.* Singular und Plural eines Wortes stimmen im allgemeinen mit dem Gebrauch im Hebräischen überein, doch kommt es mitunter zu einem Wechsel der Endung: *mykor* ‚Quelle' (übertragener Gebrauch) – *mykoirym* gegen hebr. *mykoirys*. Es handelt sich also nicht um je ein Paar zusammengehöriger Vokabeln, sondern um Wörter einerseits und Morpheme andererseits. Das geht auch aus der Existenz hebräischstämmiger Wörter mit nichtsemitischen Pluralendungen hervor (siehe S. 41).

Aramäisch begann schon in vorchristlicher Zeit das Hebräische zu beeinflußen. Es ist jedoch nicht nur als Teil des letzteren ins Jiddische gekommen, sondern stammt auch unmittelbar aus dem Studium des Talmuds (das ja keineswegs die Domäne einer kleinen Gruppe – der Rabbinen – sondern fast der ganzen männlichen Hälfte des Volkes war).

* * * *

Die Lautung des Hebräischen und Aramäischen bei den aschkenasischen Juden zur Zeit des frühen Jiddischen ist uns aus anderen Quellen als aus dem Jiddischen nicht bekannt. Hier können wir nämlich aus dem heutigen Lautstand gewisse Rückschlüße ziehen, da er sich – von einer Ausnahme (Abwesenheit des *ou*) abgesehen – vom Lautstand des deutschen Elements nicht unterscheidet. Die Aussprache des Hebräischen und Aramäischen innerhalb des Jiddischen weicht nur sehr wenig von der innerhalb des (aschkenasischen) Hebräischen und Aramäischen ab. (Aschkenas ist seit dem Mittelalter der traditionelle Name Deutschlands, Aschkenasim sind die Juden Deutschlands und ihre Nachkommen anderwärts.)

Im folgenden werden die Phoneme des hebräischen und

aramäischen Elements mit denen des Hebräischen (nach der Schulgrammatik) verglichen.

Ḥiriq ist

1) kurzes *i* in geschlossener Silbe:

din *dîn* ,Religionsgesetz'

2) langes *i* in offener Silbe:

diinym *dīnîm* ,Religionsgesetze'

Ṣere ist

1) offenes, kurzes e in geschlossener Silbe:

gér ,Proselyt' *gẹ̄r* ,Fremder; Proselyt'

2) ai in offener Silbe:

gairym ,Proselyten' *gērîm* ,*Fremde; Proselyten*'

Segol ist

1) kurzes offenes *e* in geschlossener Silbe:

héspyd *hęspēḏ* ,Trauerrede'

2) *ai* in offener Silbe:

mailex *męlęḵ* ,König'

3) *éi* in offener Silbe:

béigyd *bę́ḡęḏ* ,Kleidungsstück'

In dieser Gruppe (3) handelt es sich offenbar um Wörter, deren Vokal sich – aus einem noch zu erforschenden Grunde – der Dehnung länger entzog als in Gruppe 2, so daß er die primäre Diphthongierung nicht mitmachen konnte.

Die Übereinstimmung des Ṣere und Segol zeigt, daß in der Urzeit des Jiddischen kein Unterschied zwischen ihnen bestand.

Pataḥ ist

1) kurzes a in geschlossener Silbe:

malky *malkâ* ,Königin'; Frauenname

2) langes *a* vor Alef, Ajin, konsonantischem *i*:

maaxl — *maʾăk̲âl* — ‚Speise‘

maaly, Vorzug gute Eigenschaft — *maʿălâ*, Aufstieg; Vorzug, etc.

lexaaiym — *lĕḥaiiîm* ‚prosit‘

3) kurzes *a* in offener Silbe vor Ḥet:

naxys — *naḥat̲* — ‚Freude‘

4) langes, aber meist gekürztes *u* vor Ḥet̲ in offener Silbe:

nuxym/nuuxym — *naḥûm* — ‚Nahum‘

Ḥatef Pataḥ ist

1) stumm nach der (aschkenasischen) Drucksilbe:

maxny — *maḥănẹ* — ‚Schar, Gruppe‘

2) stumm vor der (aschkenasischen) Drucksilbe:

xsiidym ‚Chassidim‘ — *ḥăsīd̲îm* — ‚Fromme‘

3) kurzes *a* in (aschkenasischer) Drucksilbe:

xasyny — *ḥăt̲unnâ* — ‚Hochzeit‘

4) kurzes *a* vor der (aschkenasischen) Drucksilbe:

xatuuym — *ḥăṭāʾîm* — ‚Sünden‘

5) langes *u* in (aschkenasischer) Drucksilbe:

xuulym — *ḥălôm* — ‚Traum‘

Qameṣ ist

1) kurzes *a* in geschlossenen Einsilblern:

klal — *kĕlâl* — ‚Regel‘

2) kurzes *a*, bei den Partizipien Pie“el und Hit̲pa“el der Verba med. Resch:

mykaryv zaan — *mĕqārệb̲* — ‚mit besonderer Aufmerksamkeit behandeln‘

3) langes *a*, bei den Partizipien Pie“el und Hit̲pa“el der Verba med. Alef und Ajin:

myvaaer zaan — *meb̲āʾệr* — ‚wegschaffen‘

mykaaiym zaan	*meqai̯i̯ẹm*	‚erfüllen'
myiaayś zaan zex	*mĕi̯ā'ẹs*	‚Hoffnung aufgeben'

In Nr. 2 und 3 hat vermutlich Systemzwang mitgewirkt, in Analogie aller andern Formen dieser Gruppe:
myvaker/meḇaqqer, myzaky/mĕzakkệ etc.
Die Tatsache, daß in den meisten nichtaschkenasischen Aussprachegruppen das Qameṣ ein *a* ist, berechtigt zu dem Schluß, daß hier, in Nr. 1 und Nr. 2, die ursprüngliche aschkenasische Qualität erhalten ist,

4) langes *u* in offener Silbe:

kluulym	*kĕlālîm*	‚Regeln'

Diese Lautung stammt, wie aus Nr. 1 hervorgeht, also nicht aus der palästinischen Aussprache, wie sie uns in der massoretichen Vokalisation vorliegt. Ihr Weg war: kurzes *a* – langes *a* – langes offenes *o* – langes geschlossenes o – langes *u*;

5) kurzes *u* – gekürzt aus Nr. 4 – vor g, k, x, v, f:

mugn duvyd	*māḡẹn dāwîḏ*	‚Schild Davids (Davidsstern)'
kuf	*kāp̄*	Buchstabe *k*
bruxy	*bĕrāḵâ*	‚Benedeiung'
cufn	*ṣāp̄ôn*	‚Norden'

6) kurzes offenes *o* in (aschkenasisch) geschlossener Silbe:

borxj	*bārĕḵû*	Das erste Wort des Rufs zum Gemeindegebet

Die Schließung der Silbe verhinderte die Entwicklung des offenen zum geschlossenen *o* und weiter zu *u*. Der heutige Zustand stellt also die zweite Stufe der Entwicklung dar.

Qameṣ Ḥaṭuf ist kurzes offenes *o*:

xoxmy	*ḥoḵmâ*	‚Weisheit'

Ḥolem ist

1) kurzes offenes *o* in geschlossener Silbe:
os — *'ōṯ* — ‚Buchstabe'
2) kurzes offenes *o*, wenn es vor einem sogenannten lautbaren Schewa steht – also in einer historisch offenen, im Aschkenasischen aber geschlossenen Silbe:
moślym — *m̄ŏšĕlîm* — ‚Herrscher' (Plural)

Analog mit dem bei Qameṣ Gesagten zeigt Ḥolem, Nr. 1 und 2, daß *o* die ursprüngliche Qualität war.

3) *oi* in offener Silbe:
moiśl — *mōšẹ̄l* — ‚Herrscher' (Singular)
4) *oi* in erst sekundär geschlossener Silbe:
oisiys — *'ōṯii̯ôṯ* — ‚Buchstaben'
oicrys — *'ōṣārôṯ* — ‚Schätze'
zweisilbig, aus dreisilbigen *oisïiys*, *oicerys*.

Schureq/Qibbuṣ ist

1) kurzes *i* in geschlossener Silbe:
mjm — *mūm* — ‚Makel'
2) kurzes *i* in ursprünglich von langem Konsonanten gefolgter, aschkenasisch aber geöffneter Silbe:
sjky — *sukkâ* — ‚Laubhütte'
3) langes *i* in altoffener Silbe:
tkjjfy — *tĕqūpâ* — ‚Periode'

Schewa ist

1) stumm, wie bei den Massoreten (denen die Schulgrammatik widerspricht):
gvjjry — *gḇūrâ* — ‚Stärke'
2) ein kurzer „unbestimmter Vokal" zwischen gewissen Konsonanten:
myśjny — *mšunnę̂* — ‚sonderbar'
nexumy — *nḥāmâ* — ‚Trost'

3) ai, selten:

śaivy	*šĕwâ*	‚Schewa‘

***

Die Verhältnisse bei Ḥiriq und Schureq/Quibbuṣ zeigen, daß der uraschkenasische Vokalismus keine Längen kannte. Beide müssen noch in sehr später Zeit in offener Silbe kurz gewesen sein, denn sonst hätten sie die Entwicklung des mittelhochdeutschen *i* und *u* mitgemacht und wären heute *aa* und *ou*, z. B. **daanym* statt *diinym*, **tkoufy* statt *tkjjfy*.

Übrigens ist es wohl unwahrscheinlich, daß bei allen Vokalen die gegenwärtige Kürze das Ergebnis einer Kürzung ist. Genau wie mhd. *tal* zu jid. *tuul* wurde, hätte *klal* ein *kluul* ergeben, hebr. *dîn* wäre heute **daan*, wie mhd. *dīn* zu jid. *daan* wurde; hebr. *os* (*'ōṯ*) wäre heute *ois*, wie mhd. *grôz* jid. *grois* ergab, während die tatsächlichen Formen *klal*, *din*, *os* sind. Das Fehlen des Quantitätsunterschiedes stellt also den ursprünglichen Zustand dar, wie er aus dem Zarfatischen übernommen wurde.

***

Fast alle diese Lautentwicklungen setzen voraus, daß das aschkenasische Akzentsystem schon in sehr früher Zeit mit dem heutigen identisch war. Da dies von dem antiken vollständig verschieden ist, erhebt sich die Frage, wann die Akzentverschiebung erfolgte. Ist sie orientalisches Erbgut, geht sie auf die zarfatische Periode zurück oder ist sie aschkenasisch? Gegen orientalische Herkunft spricht die Tatsache, daß das Lautwesen keiner orientalisch-jüdischen Aussprachegruppe mit dem aschkenasischen übereinstimmt. Die Tatsache, daß dieses ursprünglich mit dem der anderen europäischjüdischen Gruppen zusammenhängt, ist einer orientalischen Erklärung auch nicht günstig. Was zarfatischen Ursprung betrifft, so scheinen die Akzentverhältnisse des Französischen ihn nicht gerade wahrscheinlich zu machen. Eine osteuropäische Sprache kann als Quelle nicht in Frage kommen, da das westaschkenasische Akzentsystem mit dem ostaschkenasischen identisch ist. Die Akzentverschiebung muß also im Aschkenasischen, und zwar sehr früh, erfolgt sein.

Der einstige Ultimaakzent ist nur in einigen Ausnahmen erhalten, sonst ist er auf die Pänultima, in einer gewissen Anzahl von Fällen auf die Antepänultima verlegt worden. Die Tatsache, daß viele Wörter zweisilbig sind und also dieselbe Druckverteilung haben wie die Zweisilbler deutschen Ursprungs, ist offensichtlich der Grund dafür, daß die Akzentverschiebung oft als Anpassung an das deutsche System mit der ersten als Drucksilbe erklärt wird: *mā̆šāl* ‚Gleichnis' wurde zu *muuśl* nach deutschem Vorbild, so daß es jetzt akzentuell z. B. mit *muuzlyn* ‚Masern' identisch ist.

Gegen diese Erklärung sprechen aber gewichtige Gründe. Gesetzt den Fall, daß der Akzent der hebräischen und aramäischen Zweisilbler wirklich deutscher Herkunft ist, dann hätte er sich doch bald auf die aus dem Hebräischen und Aramäischen stammenden Drei- und Mehrsilbler ausgebreitet und zu Formen wie **muuśylym* (statt des tatsächlichen myśuulym ‚Gleichnisse') geführt. Daktylen sind aber Ausnahmen, die zu erforschen sind: *buxerym, adraby, roxniys, xanyky* etc. Hierher gehören dem Ursprung nach eine Anzahl von Zweisilblern, die einst Dreisilbler waren und den Mittelvokal verloren haben: *toisvys* ‚gewisse mittelalterliche Talmudkommentare' aus *toisyvys* aus *tosafos* – während in einer Parallelbildung von der gleichen Wurzel der Mittelvokal erhalten bleibt und darum den Druck trägt: *hoisufys (hōsāp̄ôṯ)* ‚Hinzufügungen‘. Die Normalform der Dreisilbler ist amphibrachisch – mit andern Worten, der Akzent fällt auf die vorletzte Silbe. Daraus ergibt sich, daß die Druckverteilung in Zweisilblern ebenso zu beurteilen ist: Ihr Wesen besteht nicht in der Erstsilbigkeit, sondern in der Vorletztsilbigkeit. Der Akzent ist also genau so rhythmischer Natur wie er es vorher war, nur anders gelagert. Der deutsche Akzent aber ist nicht rhythmisch, sondern unbeweglich, an die Stammsilbe gebunden. Er ist somit garnicht auf semitische Wörter übertragbar, denn im Semitischen gibt es ja keine Stämme: Ein Wort ist fast immer eine zweisilbige Realisierung einer dreikonsonantigen vokallosen Wurzel, ohne oder mit einem oder mehr Affixen – *šmr: šāmar, šĕmôr, šōmêr, šāmûr, šamĕrû, nišmâr, šāmarti, šĕmartîḵā, i̯išmĕrêḵā etc.* Ein Beispiel wie *dbr – midber* ‚Wüste‘ zeigt, daß im Aschkenasischen der Akzent sogar außerhalb der Wurzel fallen kann. Dies ist übrigens recht häufig.

Es scheint mir kaum möglich, den Übergang von einem rhythmischen Akzent zu einem andern rhythmischen durch die Einwirkung eines nichtrhythmischen glaubhaft zu machen. Solange dies nicht gelingt, muß das deutsche System als Quelle des aschkenasischen außer betracht bleiben. Wir müssen hier also eine eigenständige aschkenasische Entwicklung annehmen. Wie diese vor sich ging, ist ein Problem, das von seiner Lösung offenbar noch sehr weit entfern ist.

B. Das romanische Element

Dies Element scheint bloß zarfatischer Herkunft zu sein und ist nur bescheidenen Umfangs. Beispiele: *laiynyn* aus *laiyn* aus zarfatisch *leier* ‚lesen'; *baily* aus *bela* (Frauenname); *béndyt* aus *Benedeit* (Männername); *oorn* (westjid.)[1] ‚die liturgischen Gebete verrichten'; *pilcl* (westjid.) aus *pülcl* aus *pulcelle* ‚Mädchen'; *praiyn* (westjid., in Hamburg in der zweiten Hälfte des neunzehnten Jahrhunderts ausgestorben) ‚einladen' aus *preier; antśpoizn* (traditionelle Bibelübersetzungssprache) aus *espouzer; poost* (westjid.) aus *past* ‚Mahlzeit'; *béncn* ‚segnen' muß auf eine zarfatische Form **bendicer* zurückgehen, die die Entwicklung vom latenischen *benedicere* zum französischen *bénir* nicht mitgemacht hatte, sondern die lateinische Form fortsetzte. Dies ist ein Beispiel für die Existenz eines Jüdisch-lateinischen. (Ein anderes ist der Name Ladino für die Bibelübersetzungssprache der Sephardim. Nebenbei: *ladinar* und *taacn* sind genaue Parallelen.)

Das romanische Element im Jiddischen ist von Wichtigkeit für die jüdische Geschichtsforschung. Es bedeutet, daß die Judenheit Deutschlands – zumindest in der Hauptsache – aus dem Westen, nicht aus dem Süden oder gar Südosten stammt.

C. Das germanische Element

Auch dieses Element hat nur eine Quelle – das Deutsche. Entsprechend der älteren jüdischen Siedlungsgeschichte ist nur das Hochdeutsche im Jiddischen vertreten. Im Ostjiddischen haben wir es mit beiden Zweigen des Hochdeutschen zu tun: sowohl das Mitteldeutsche als das Oberdeutsche haben zu seiner Formung beigetragen, und zwar finden wir nordthüringische-obersächsische Merkmale einerseits und bairisch-öster-

[1] *n* im Auslaut nach *r* ist immer silbisch (oor-n).

reichische andererseits.

Im folgenden wird das jid. Lautwesen mit dem mittelhochdeutschen verglichen.

Die kurzen Vokale des Mhd. sind in der jid. Drucksilbe

1) unverändert geblieben:

hant (d)	*hant (t)*	‚Hand‘
mëzzen	*méstn*	‚messen‘
välschen	*félčn*	‚treulos sein‘
(ich) gibe	*gib*	‚gebe‘
gequollen ‚gequollen‘	*gykvoln* ‚sich sehr gefreut‘	–

2) gedehnt worden:

narre	*nár*	‚Dummkopf‘
ir	*iir*	‚ihr‘ (Sing.)
horn	*hoorn*	‚Horn‘

3) haben ihre Artikulation geändert:

ẹllende ‚fremd; elend‘	*élnt* ‚einsam; freundlos‘	–
quëlle	*kval*	‚Quelle‘
kërse	*karś*	‚Kirsche‘
härw ‚herb‘	*harb* ‚schwierig‘	–
sicher	*zéxer*	‚sicher‘
hirz	*hérś*	‚Hirsch‘
vol	*fjl*	‚voll‘
töhter	*téxter*	‚Töchter‘
sunne	*zjn*	‚Sonne‘
durch	*dorx/dorex*	‚durch‘
günnen	*farginyn*	‚gönnen‘
küche	*kéx*	‚Küche‘
gürtel	*gartl*	‚Gürtel‘

4) haben ihre Artikulation nach Dehnung geändert:

stat	*śtuut*	‚Stadt‘
tavel	*tuvl*	‚Tafel‘

5) sind nach Dehnung diphthongiert worden:

pfärt	*féierd*	‚Pferd‘
këller	*kéiler*	‚Keller‘
ẹdele ‚edel‘	*aidl* ‚fein geartet‘	–
hof	*hoif*	‚Hof‘

6) sind nach Artikulationsänderung und Dehnung diphthongiert worden:

stirne	*śtéiern*	‚Stirne‘
mörhe/more	*maier*	‚Möhre‘
öl	*ail*	‚Öl‘

Die langen Vokale des Mhd.

1) sind diphthongiert worden

spæne	*śpéiner*	‚Späne‘
êwic	*aibik*	‚ewig‘
ôre	oier	‚Ohr‘
hôch	*hoix/hoiex*	‚hoch‘
hûs	*houz*	‚Haus‘

2) sind nach Artikulationsänderung diphthongiert worden:

bâbes	*poips*	‚Papst‘
hœhe	*haix/haiex*	‚Höhe‘

3) sind nach Artikulationsänderung, Diphthongierung und Monophthongierung zu neuen Längen geworden:

hînt ‚heute; gestern Nacht‘	*haant* ‚heute‘	–
tiutsch ‚deutsch‘	*taać* ‚Übersetzung‘	–
hiuser	*haazer*	‚Häuser‘

4) sind Längen geblieben, haben aber ihre Artikulation geändert:

âne	*uun*	‚ohne‘

5) sind gekürzt:

saelde ‚Glück‘	*zéldy* Frauenname	–

6) sind nach Artikulationsänderung gekürzt worden:

wâge	*vug*	‚Gewicht‘
lâzen	*lozn*	‚lassen‘
schœner	*śéner*	‚schöner‘ (Komparativ)

Den mittelhochdeutschen Diphthongen entsprechen

1) neue Diphthonge, wahrscheinlich nach Monophthongierung:

toup (b)	*toib*	‚taub‘
höu	*hai*	‚Heu‘
weize	*vaic*	‚Weizen‘

2) Langvokale, nach Monophthongierung:

vliegen	*fliiyn*	‚fliegen‘
vuoz	*fjjs*	‚Fuß‘
brüeder	*briider*	‚Brüder‘

3) Kurzvokale, nach Monophthongierung:

ietlich	*itlex*	‚jeder‘

4) Kurzvokale, nach Monophthongierung und Artikulationsänderung:

lieht	*léxt*	‚Licht‘
iergent	*érgyc*	‚irgendwo‘
siufzen	*zifcn*	‚seufzen‘
bluot	*bljt*	‚Blut‘
muoz	*mjz*	‚muß‘
kleiner	*klḗner*	‚kleiner‘ (Komparativ)

Im Konsonantismus sind die Unterschiede vom Deutschen gering.

Aufspaltung des *b* und *d* in je zwei Reihen, *b – p* und *d – t:*

bœse	*baiz*	‚böse‘

buter	*pjter*	‚Butter‘
dürre/türre	*dâr*	‚dürr‘
dunkel/tunkel	*tjnkl*	‚dunkel‘

Änderung der Artikulationsart:

fuhs	*fjks*	‚Fuchs‘

Anlautendem *pf* des Mhd. entspricht *f*, in- und auslautendem aber *p*:

pfunt (d)	*fjnt (t)*	‚Pfund‘
hüpfen ‚hüpfen‘	*iber hipern* ‚auslassen‘	–

Entwicklung eines Dentals nach *l* oder *n* vor *s, z* oder *ś*:

kunst ‚Geschicklichkeit‘	*kjnc* ‚Kunststück‘	–
hals	*haldz*	‚Hals‘
mẹnsch	*ménć*	‚Mensch‘

Mittelhochdeutschem *ss* entspricht jid. *sch*:

mẹsse	*méś*	‚Messing‘

Im partc. pass. der Verben *schrîen* und *spîwen* hat sich, unter Beibehaltung der Kürze im Stammvokal, ein hiatustilgendes *g* entwickelt:

geschrirn/ geschriuwen/ geschruwen	*gyśrign*	‚geschrieen‘
gespiwen/gespirn gespuwen	*gyśpign*	‚gespien‘

***

Im folgenden seien die aufs Mitteldeutsche einerseits und aufs Oberdeutsche andererseits hinweisenden Merkmale angeführt.

Mitteldeutsch

Uo, üe, ie sind monophthongiert:

kuo	*kjj*	‚Kuh'
grüene	*griin*	‚grün'
knie	*knii*	‚Knie'

Anlautendem germanischem *p* entspricht *f*:

pfîfen	*faafn*	‚pfeifen'

Germanisches *pp* bleibt unverschoben:

stupfen	*śtjpn*	‚stoßen'

Mhd. *ou* zu jid. *oi* läßt sich durch die mitteldeutsche Diphthongierung des *ou* zu langem *o*, das nun mit dem alten *ô* zusammenfiel und dessen weitere Entwicklung im Jiddischen zu *oi* mitmachte, erklären:

Wie mhd. *rôse* zu jid. *roiz,*
so mhd. *boum* zu md. *bōm* zu jid. *boim.*

Analoges könnte für mhd. *ei* zu jid. *ai* gelten – mhd. *ei* wurde zu md. *ē* monophthongiert, das sich der Entwicklung des mhd. *ê* im Jiddischen anschloß:

mhd. *stein* zu md. *stēn* zu jid. *śtain*

Die Vorsilben *be* und *ge* sind als Silben erhalten:

beschẹpfe	*baśéfyniś*	‚Geschöpf'
gesagt	*gyzugt*	‚gesagt'

Ausnahmen sind individuell zu erklären:

gehœren ‚gehören, gebühren'	*kéiern* ‚Bezug haben sollen, gebühren, wahrscheinlich sein'	–
geringe ‚leicht; gering'	*gring* ‚nicht schwierig'	–

Vielleicht gehört hierher auch die Tatsache, daß die Dehnung der mhd. Kurzvokale im Mitteldeutschen früher als im Oberdeutschen erfolgte und so Artikulationsänderungen und Entwicklung von Diphthongen ermöglichte:

mül	*miil*	‚Mühle'
varn	*fuurn*	‚fahren'
vëdere	*féider*	‚Feder'
kol	*koil*	‚Kohle'

Ebenso sind vielleicht Vokalkürzungen mitteldeutschen Ursprungs:

lâȥen	*lozn*	‚lassen'
brâht	*gybraxt*	‚gebracht'

Dasselbe könnte für die Assimilation *mb* zu *mm* gelten:

krump (b) ‚krumm schief'	*krjm* ‚krumm; unrichtig; unrecht; lahm	–

Desgleichen für die Formen

brẹngen	*bréngyn*	‚bringen'
wër	*véier*	‚wer'
gẹgen	*kaign*	‚gegen'

Aus dem Wortschatz wäre zu erwähnen:

brëglen	*préiglyn*	‚braten'
füelen	*fiiln*	‚fühlen'
hoffen	*hofn*	‚hoffen'
iergen (t)	*érgyc*	‚irgendwo'
steigen ‚*(die Noten)* in hohen und starken Tönen spielen'	*śtaiger* ‚Melodie Weise; Art und Weise'	–
versuochen	*farzjjexn*	‚kosten' (eine Speise)

Das alte *u* und *uo* werden – in neuer Lautung – fortgesetzt:

sunne	*zjn*	‚Sonne'
sun	*zjjn*	‚Sohn'
trucken	*trjkn*	‚trocken'

Das Endungs-*e* der Substantive ist abgefallen:

grœȥe	*grais*	‚Größe' (konkret)
köpfe	*kép*	‚Köpfe'

Das Deminutivzeichen ist *l*:

böumel	*baiml*	‚Bäumlein'
	baimaly/baimely	‚Bäumlein'

(Ausnahme: Wenn der Stamm auf *l* ausgeht, tritt mitteldeutsches *x* vor die Endung *l*: *śpiilexl* ‚Spielzeug'.)

Das Präsens hat den Umlaut verloren:

trẹget	*trugt*	‚trägt'

Hierher gehört vielleicht die Tatsache, daß die alten Langvokale im Bairischen sehr früh diphthongiert wurden:

zît	*zeit*	*cait*	*caat*	‚Zeit'
mûs	*mous*	*mouz*	*mouz*	‚Maus'
liut ‚Volk'	*löut*	*lait*	*laat* ‚*Leute*'	–

Vokale werden von darauffolgendem *r* gedehnt:

gar	*gā̆r*	*goor*	*guur*	‚gar'

Der Umlaut fehlt in gewissen Wörtern:

sûmen	*zoumyn zex*	‚säumen'
umbe	*arjm*	‚um/herum'
koufen	*koifn*	‚kaufen'

Der Hiatus wird vermieden:

ein ei	*an ai*	‚ein Ei'
gegen		
eine lampe	*a lomp*	‚eine Lampe'

Zwischen *n* und *l* entwickelt sich ein Dental:

(hüenel) *hiindl* ‚Hühnlein'

Statt des niederdeutschen *f* hat sich *b* erhalten in

haber *huber* ‚Hafer'

Auslautendes *m* ist nicht durch *n* ersetzt worden in Wörtern wie

vadem *fuudym* ‚Faden'
bësem *béizym* ‚Besen'

Auf einem sehr großen Teil des jiddischen Sprachgebiets hat sich beim Personalpronomen die alte Dualform – mit Pluralfunktion – erhalten:

ẹʒ *éc* ‚ihr'
ẹnk *énk* ‚euch'
ẹnker *énker* ‚euer'

Verba der Bewegung benutzen *sein* als Hilfsverb zur Bildung des Perfekts:

zai zényn ‚sie sind/haben
gyzésn gesessen'
gyléign ‚gelegen'
gyśtanyn ‚gestanden'
gyśvjmyn ‚geschwommen'
gyślufn ‚geschlafen'

Der Artikel wird bei Verwandtschaftsbezeichnungen angewandt:

der féter ot dercailt ‚Onkel erzählte'

***

Die Verschmelzung mittel- und oberdeutscher Bestandteile im Jiddischen hat eine Parallele im Ostmitteldeutschen – aber das Ergebnis ist vollkommen verschieden.

D. Das slavische Element

Dieses Element (von dem kaum eine Spur nach dem Westen drang) stammt aus mehreren Quellen.

Tschechisch

Tschechisch war wohl die erste slavische Sprache, der die Juden bei der Wanderung ostwärts begegneten. Nur einige Wörter legen heute davon Zeugnis ab. Eines hat sich sogar ins Westjiddische verbreitet: *nébex* (Ausdruck des Bedauerns, Mitgefühls, Mitleids, auch des Selbstbedauerns). Die Etymologie des Wortes – nämlich ‚arm', also ‚leider, bedauerlicherweise' – ist dem Jiddischsprecher unbekannt. Der tschechische Ursprung des Wortes – das aber im Tschechischen ein Adjektiv ist – geht aus dem *e* und dem *x* hervor: tschechisch *nebohy,* polnisch *niebogi.*

Daß die Entlehnungen sehr früher Zeit angehören, ergibt sich aus einer Form wie *praidyk* ‚Vorderteil eines Tieres', in der das *r* eine ältere Stufe im Tschechischen darstellt, die dort später zu rž wurde: *predek* – předek / pržedek/.

Polnisch

Polnisch ist die wichtigste Quelle des slavischen Elementes im Jiddischen. Diese Schicht (mit der tschechischen zusammen) ist, der Siedlungsgeschichte gemäß, auf dem ganzen jiddischen Sprachgebiet vertreten – Polen war ja der Ausgangspunkt für Emigration nord-, ost- und südwärts. Daß dieses Element sehr früh dem Ostjiddischen einverleibt wurde, geht wie beim

Tschechischen, aus der Entsprechung jid. /r/ – poln. /ž/ hervor: j. *prikry* – p. *przykry* ‚unangenehm' (siehe auch S. 15). Natürlich gibt es auch spätere Entlehnungen, die dann in nichtpolnischen Sprachgebieten fehlen.

Das Alter früher Lehnwörter folgt nicht nur aus der Abwesenheit polnischer Lautentwicklungen, sondern auch aus der Anwesenheit jiddischer Entwicklungen. So erstreckt sich der Lautwandel *u* zu *i* auch auf das slavische Element: *struna* – *strjny* ‚Saite'. In andern Wörtern ist der ursprüngliche Laut in beiden Sprachen verschoben worden: j. *txoier* – p. /txuš/ (tchórz) ‚Iltis': das *oi* und *u* gehen beide auf altpolnisches langes *o* zurück.

Weißrussisch

Weißrussisch ist ebenfalls eine frühe Quelle des slavischen Elements im Jiddischen, aber fast nur im nördlichsten Teil des jiddischen Sprachgebietes. Ein allgemein jiddisches Beispiel ist wohl *žaver* ‚Rost'. Es läßt sich nicht vom weißrussischen Substantiv *rža* ‚Rost' herleiten, sondern vom Verbum *ržaviec* ‚rosten', durch die jiddische Entsprechung *žavern* ‚rosten'.

Ukrainisch

Ukrainisch ist eine jüngere Quelle und gilt nur für das Jiddische im ukrainischen Sprachgebiet.

Russisch

Im russischen Sprachgebiet gab es keine jüdischen Siedlungen, aber Russisch, als die Sprache der Behörden seit einigen Jahrhunderten, übte einen gewissen, wenn auch beschränkten, Einfluß aus. Dazu kam dann noch in der zweiten Hälfte des neunzehnten Jahrhunderts die Sprachassimilation der – allerdings sehr kleinen – Gruppe derer, die im Gefolge der Aufklärung und Säkularisierung die Tradition verließen und zur russischen Kultur (ohne Religion natürlich) übergingen. In der allgemeinen Schriftsprache ist vom russischen Einfluß nichts zu merken.

****

Hier sind die „internationalen" Wörter zu erwähnen. Wo es sich um eine charakteristische Endung handelt, ist die slavische Form in Gebrauch: *teoriy* ‚Theorie' – poln. *teorija;* in beiden ist *o* die Drucksilbe; *komitet* ‚Komitee' – poln. *komitet; asimilaciy* ‚Assimilation' – *asymilacja.* Die ‚internationalen' Wörter sind also slavischen Ursprungs.

Andere Sprachen

Andere ost- und mitteleuropäische Sprachen sind auf ihren Gebieten von beschränkter Bedeutung für die jiddischen Mundarten dieser Gegenden, nicht aber für die allgemeine Schriftsprache. Dasselbe gilt für Englisch in englischsprachigen Ländern, sowie für Spanisch und Portugiesisch in Lateinamerika.

Neuhochdeutsch

Dieses von den Elementen des Jiddischen handelnde Kapitel ist chronologisch angeordnet, so daß der Abschnitt Germanisch nur vom Mittelhochdeutschen handelte. Der Einfluß des Neuhochdeutschen unterscheidet sich von dem des Mhd. und der anderen Sprachen. Das deutsche Sprachgebiet hat, wie das russische, keine geographische Berührung mit dem Territorium des Ostjiddischen[2]. Und anders als im russischen Fall war das Deutsche nirgends (von einer unbedeutenden Ausnahme abgesehen) die Sprache der Behörden, wo die Juden aufs Deutsche hätten stoßen müssen. Trotzdem ist das Neuhochdeutsche hier zu besprechen.

Die im neunzehnten Jahrhundert entstehende moderne jiddische Literatur erwuchs auf dem Boden der jüdischen, aus Deutschland stammenden Aufklärung. Die östlichen Aufklärer sahen in den jüdischen Aufklärern Deutschlands ihr Vorbild und bemühten sich – insbesondere die Schriftsteller des nördlichen ostjüdischen Gebietes – ihnen auch sprachlich zu folgen. (Die obenerwähnte russische Assimilation gehört einer späteren Generation an). Jiddisch war für sie ein Kauderwelsch. In ihren Schriften versuchten sie, Wortschatz, Phraseologie, Grammatik und sogar die Rechtschreibung möglichst deutsch zu gestalten, ohne aber den Rahmen des Jiddischen zu verlassen. („Sogar" die Rechtschreibung – weil es theoretisch gar nicht ausführbar ist, da die Alphabete doch verschieden sind.) Das Ergebnis war natürlich ein vollkommen verhunztes Jiddisch. Auf das gesprochene Jiddisch und die Sprache der traditionellen, religiösen Literatur hatte dies so gut wie keine

[2] Kontakt mit einigen kleinen Sprachinseln ist natürlich von keiner Bedeutung.

Wirkung. Die oben (S. 3) beschriebene Entwicklung eines jüdischen Nationalismus auf der Grundlage des Jiddischen führte zur Bekämpfung des nhd. Elements. Diese Bestrebungen erreichten es aber nicht, all das Geschehene wieder rückgängig zu machen. Der Nationalismus war dazu auch gar nicht imstande, denn er war selbst nur eine weiter entwickelte Form der Aufklärung. Anstelle der eliminierten Germanismen traten sogar eine Menge neuer. Das Wort *Entwicklung,* z. B., wurde zunächst unverändert übernommen, schließlich aber die Vorsilbe auf die jiddische Form *ant* umgestellt: *antvikljng.* Zu einer vollen Umformung – die *antvikyljng* ergeben müßte – ist es jedoch nicht gekommen. Noch weniger zur Schaffung eines neuen Wortes. Der Grund für die Entlehnung des neuen Wortes ist hier klar: es bezeichnet einen früher unbekannten Begriff. Doch in vielen Fällen ist kein Grund für die Übernahme oder Beibehaltung eines übernommenen Wortes oder Ausdrucks zu ersehen, z. B. *śpraxe,* später ein wenig verjiddischt zu *śprax,* statt *luuśn*; gyfár statt *skuuny* ‚Gefahr'; *als bavaaz diinyn* ‚als Beweis dienen', wo außer dem ganzen Ausdruck auch seine Teile nicht jiddisch sind: *als* in dieser Bedeutung existiert nicht, *bavaazn* bedeutet ‚vorweisen, vorzeigen, zeigen' und nie ‚beweisen', *diinyn* kann nicht die Bedeutung ‚fungieren' haben. Ein Beispiel für Entlehnung in der Syntax ist *a fjn rjsiś ibergyzécty bamérkjng* ‚eine aus dem Russischen übersetzte Bemerkung'; im Jiddischen kann aber nichts zwischen Artikel und Adjektiv treten; außerdem sind die zwei letzten Wörter deutsch.

IV
Synthese

Die Synthese, die sich aus der Reaktion der ersten drei Elemente ergibt, gilt für das Gesamtjiddische, die aus der der anderen Elemente naturgemäß nur für das Ostjiddische.

Formenlehre

Die beiden Pluralendungen des hebräischen Elements finden sich auch in den andern Elementen:

dokter	*doktoirym*	‚Arzt; Dr.'
nár	*naruunym*	‚Dummkopf'

(das hier dem Stamm angefügte *uun* ist ein hebräisch/aramäisches Nominalsuffix).

Die Endung *ys/s* ist fast das einzige Pluralzeichen für Wörter des slavischen Elements:

rak	*rakys*	‚Krebs'
kliamky	*kliamkys*	‚Türklinke'

Die Übertragung hat ihren Grund offensichtlich in der Häufigkeit des Auslauts *y* bei den Substantiven beider Elemente:
aus hebr.

toivy	*toivys*	‚gute Tat'

ergab sich slav.

kliamky	*kliamkys*

und ebenso im germanischen Element

mjjmy	*mjjmys*	‚Tante'

In diesen Formen scheint *s* das Pluralzeichen zu sein, und so erklären sich wohl Bildungen wie

méser	*mésers*	‚Messer'
stékn	*śtékns*	‚Stock'

Andererseits kommen nach Konsonanten auch Bildungen mit *ys* vor:

lośyk	*lośykys*	‚Füllen'
śtékn	*śtékynys*	‚Stock'

Umgekehrt erscheinen die Endungen *n/yn* und *er* auch beim semitischen und slavischen Element:

(hbr.)	*hisxaavys*	*hisxaavysn*	‚Verpflichtung'
(sl.)	*ploit*	*ploitn*	‚Zaun'
(hebr.)	*puunym*	*péinymer*	‚Gesicht'
(sl.)	*suud*	*séider*	‚Obstgarten'

In den beiden letzten Beispielen haben wir germanischen Umlaut im semitischen und slavischen Element. Siehe auch die nächsten Beispiele.

Die Bildung des Diminutivs, Komparativs und Superlativs im semitischen und slavischen Element ist die des germanischen Bestandteils:

(hbr.)	*ruuv*	*réivl*	‚Rabbi'
(p.)	*drong*	*dréngl*	‚Stange'
(hbr.)	*xuuśyv*	*xéiśyver,*	‚geachtet;
		xéiśyvster	beachtlich'

Semantik

Aizl ist ‚Esel', das Tier, während das hebräische Wort für dieses Tier, *xamer,* im Jiddischen ‚Dummkopf' bedeutet. *Xamer* ist also die Vereinigung einer orientalischen Form und einer okzidentalischen Bedeutung.

Die aus einem Adverb und Verb zusammengesetzte Wortgruppe germanischer Herkunft hat sehr oft die Bedeutung der entsprechenden slavischen Gruppe, z. B. *up géibn* bedeutet nicht ‚abgeben', sondern ‚zurückgeben', nach dem Muster des polnischen *oddać*.

Syntax

Ein Prädikat wird dadurch besonders hervorgehoben, daß ihm der Infinitiv des gleichen Verbs vorangestellt wird, z. B. *kjmyn kjmt er* ‚was das Kommen betrifft, so kommt er . . .'. Diese Konstruktion scheint aus dem Hebräischen zu stammen: *im śumoia tiśmyj (ʾim šāmôaʿ tišmĕ ʿû)* ‚wenn ihr richtig gehorchen werdet' (Deut. 11, 13).

Haupt- und Nebensatz haben, wie im Hebräischen, die gleiche Wortfolge: *méndl bakt dus broit* ‚Mendel bäckt das Brot' – *zai vaisn az méndl bakt dus broit* ‚Sie wissen, daß Mendl das Brot bäckt'.

Im ältern Jiddisch haben wir hier noch die Inversion: *dii m. h. r. zẹẹlikman gysamxyt hoot* ‚denen Rabbi Seligmann rabbinische Befugnis erteilt hat'. Wenn das Prädikat zusammengesetzt war, wurde das Objekt zwischen die Teile gestellt: *ir méxt voil main śvẹẹer gyként hoobyn* ‚Sie haben wohl meinen Schwiegervater gekannt'. Später aber wurden die Teile des Prädikats zusammengezogen und das Objekt kam ans Ende: *x ob dir gybréngt dus doziky biiexl* ‚Ich habe dir dieses Buch gebracht'.

Es wäre zu untersuchen, ob hier nicht selbständige Entwicklung vorliegen könnte. Auch das Slavische muß in Erwägung gezogen werden. Dabei besteht allerdings die Schwierigkeit, daß das slavische Verb Endstellung haben kann.

Wortbildung

Das indogermanische System der Komposition gilt auch für das semitische Material, z. B. *dam-soiny* ‚Todfeind', wörtlich ‚Blutfeind' (aber im Hebräischen bedeutet diese Konstruktion ‚Blut eines Feindes').

Andererseits erscheint manchmal die semitische Konstruktion bei der Verbindung eines indogermanischen und semitischen Wortes, z. B. *kol haméiglexkaitn* ‚alle Möglichkeiten', *bal-taksy* (hebr. + slav.) ‚Steuerpächter'.

Affixe

Semitische Affixe sind im Gebrauch bei
1) semitischen Wörtern, aber in dort unmöglicher Verbindung: *xaverty* ‚Freundin' aus *xaver* + aramäische Femininendung *tâ,*
2) germanischen Wörtern: *paaierty* ‚Bäuerin', von *pouer* ‚Bauer + Umlaut + *tâ.*

Germanische Affixe sind im Gebrauch bei
1) semitischen Wörtern:
a) *jmkuvyd* ‚Unehre', *xavertuurn = xaverty* (siehe oben) + spätahd. *âri* + mhd. Femininendung *inne, broigyzerhait* ‚in erbostem Zustande', *derhargynyn* ‚erschlagen',
b) Konjugation:
paterst, patert, paterndik, gypatert ‚los werden',

2) slavischen Wörtern:
a) *farblondżyn* ‚sich verirren',
b) Konjugation: *ratyvyst, ratyvyt, ratyvyndik, gyratyvyt* -‚retten'.

Slavische Affixe sind im Gebrauch bei
1) semitischen Wörtern: *melamydky* ‚Frau eines Lehrers', *cvjiak* ‚Heuchler',
2) germanischen Wörtern: *klouznik* ‚jemand der immer im Studierhaus ist'.

V
Eigenständige Entwicklung

Lautwesen

Hierher gehören u. a. die in Kapitel III beschriebenen Lautwandlungen, im Zusammenhang damit die in Kapitel VI behandelte Entstehung der Mundarten.

Beispiele von Dissimilation sind *śamyś* zu *śamys* ‚Synagogenwart'; die Endung *yn* wird *ym*, wenn der Stamm auf *n* ausgeht: *śainyn* zu *śainym* „schönen". Ein Beispiel eines dissimilatorischen Konsonantenausfalls ist *martern* zu *matern.*

Beispiele von Assimilation sind: *kimpytuurn* ‚Wöchnerin' aus *kintbytuurn* aus mhd. *kintbetterinne, xéźbm* aus *xéśbn* ‚Rechnung'.

Semantik

Batlyn bezeichnet in der Mischna jemanden, der ‚freie Zeit hat', im Jiddischen aber einen ‚unpraktischen, weltunerfahrenen Menschen'. Das slavische *modni* bedeutet ‚modisch', das jid. *modny* dagegen ‚sonderbar'.

Isolierung

In dem Ausdruck *in ain véigs* ‚zu gleicher Zeit, bei der selben Gelegenheit' kann das *s* weder Plural- noch Possessivzeichen sein; ursprünglich bezeichnete es offenbar einen Genitiv – vgl. *er ging seines Weges* – wohl *ains véigs;* als die determinative Kraft des Genitivs verschwand, mußte eine Präposition hinzugefügt werden; dies, und vielleicht auch der dissimilierende Einfluß des zweiten *s,* verursachte wohl den Abfall des ersten *s*, während das zweite erstarrte. Ebenso geht vermutlich das *s* von *śliit-véigs* ‚(Land)straße (im Winter)' auf einen Genitiv zurück; heute wird der Ausdruck im Akkusativ gebraucht: *ot/otc mir a gjtn śliit-véigs* ‚Ich wünsche Ihnen einge gute Reise'.

Die adverbiale Endung *erhait* ist ursprünglich ein Genitiv: *gyzjnter hait* ‚gesunden Zustandes' zu *gyzjnterhait* ‚gesund = in Gesundheit'. (*Di hait* ist übrigens als selbständiges Substantiv erhalten: ‚Zustand', aber, wie es scheint, nur mit negativem Vorzeichen.)

Es gibt eine Konjungation, die aus der Verbindung eines hebräischen Wortes, das in der Originalsprache ein Partizip ist, mit dem Hilfsverb *sein* besteht, z. B. *er iz mexabyd* ‚er ehrt'. Das sieht wie ein Prädikat mit einem Hilfsverb aus: *‚er ist ehrend'*. Dies ist aber nicht der Fall, wie daraus hervorgeht, daß, erstens, das partizipiale Element nie ohne das Hilfsverb vorkommt (abgesehen von elliptischer Verwendung, wie jeder andere Ausdruck auch) und, zweitens, daß die Vergangenheit nicht, wie es bei einem Prädikat sein müßte, mit dem Hilfsverb *zaan* ‚sein' gebildet wird: ‚er war ehrend' müßte *er iz gyvéin mexabyd* lauten; das Hilfsverb ist vielmehr *hubn* ‚haben', wie bei fast allen Verben: *er ot mexabyd gyvéin* ‚er ehrte'. Es handelt sich hier also nicht um eine lose syntaktische Gruppe, sondern um eine Einheit; dies gilt sogar, wenn das semitische Element ein Objekt oder eine adverbiale Gruppe enthält oder aus zwei Partizipien besteht; z. B. *er vét ys* *oiker min haśoiryś zaan* ‚Er wird es ausrotten'. Der Ursprung dieser Konjugation scheint mit einer mhd. Konstruktion zusammenzuhängen: Verbindung des Hilfsverbs *sîn* mit einem Partizip: *alle die mich sëhende sint.* Wir dürfen wohl vermuten, daß die gelegentliche Verwendung eines hebr. Partizips die Entwicklung unserer Konjunktion zum Ergebnis hatte. Diese Kombination geriet in Isolierung, als die Konstruktion im deutschen Element ausstarb. Ein Überbleibsel davon gibt es übrigens noch heute: *visn zaan* ‚wissen' und *zaa visn* ‚wisse!'. Diese Verbindung zeigt besonderen Nachdruck an. Der anscheinende Infinitiv *visn* entspricht also einem ursprünglichen *wizzende.*

Analogie

Eine Anzahl von Verben, die im Mhd. schwach sind, haben sich im Jid. den starken angeschlossen, z. B. mhd. *biuten – gebiutet* ‚tauschen, handeln' gegen jid. *baatn – gybitn* ‚wechseln, ändern' wie *raatn – gyritn* ‚reiten'.

Verschiedene starke Verba haben die Klasse gewechselt, z. B. mhd. *mëzzen – gemëzzen* ‚messen' gegen *méstn – gymostn* wie *léśn – gylośn,* mhd. *lęschen – geloschen* ‚löschen'.

Die Unregelmäßigkeit in der ersten und dritten Person Plural des verbum substantivum – früher *zén* oder *zain* – wurde beseitigt und der allgemeine Typus durch Anfügung der gewöhnlichen Endung hergestellt: *zényn* oder *zaanyn.*

Der Infinitiv jedoch ist endungslos geblieben: *zaan.* Aber in einem bestimmten Fall ist die Unregelmässigkeit auch hier, aber auf andere Weise, ausgeglichen. Wenn *zaan* für den infinitivus absolutus benötigt wird, ergibt sich eine rhythmische

Schwierigkeit; die zwei Glieder von *zaan – iz er* wären ungleichen Gewichts. Um dies zu vermeiden, stellte das rhythmische Gefühl die Proportion auf: *kjmyn : kjmt er* = x : *iz er* und erhielt so x = *izn*, also *izn iz er* ‚Was sein Wesen/Tätigkeit/Beschäftigung betrifft, so ist er . . . ‘.

Ähnlich wird der regelmässige Infinitiv *visn* in dieser Konstruktion durch *vaisn ersetzt: vaisn vaist er az* ‚er weiß sehr wohl, daß . . . ‘.

Eine Anzahl im Mhd. schwacher Substantive sind im Jid. stark geworden:

katze – *katzen* *kac* – *kéc* ‚Katze‘
hacke – *hacken* *hak* – *hék* ‚Axt‘

Den umgekehrten Vorgang haben wir in

jâr – *jâr* *iuur* – *iuurn* ‚Jahr‘
tal – *tẹler* *tuul* – *tuuln* ‚Tal‘

In der starken Deklination treten Substantiva häufig in eine andere Klasse über:

bodem – *bodeme* ‚Boden‘ *boidym* – *baidymer* ‚Dachraum‘
ruote – *ruote* *rjt* – *riter* ‚Rute‘

Der slavische Stamm *děd/dziad* sollte auch im Jiddischen konsonantischen Auslaut haben, so daß die ursprüngliche Form wohl sicher **zẹẹd* war. Sie schloß sich aber den häufigen Verwandtschaftsnamen *taty* ‚Vater‘, *mamy* ‚Mutter‘, *buby* ‚Großmutter‘ an und wurde zu **zeedy – zaidy*. Der gleiche Sachverhalt liegt offenbar auch in *mjjmy* ‚Tante‘ vor. Hier ist der Endvokal nicht die Erhaltung des mhd. Zustandes – *muome* – wie die westjiddische Form zeigt, die regelrecht *muum* ist.

Die gleiche Erklärung gilt für die weiblichen Namen, die wie im Mhd. vokalisch auslauten: *hindy*. Hier handelt es sich nicht um Erhaltung der mhd. Form *hinde: ‚Hindin*, Hirschkuh‘, sondern um Angleichung an die häufigen weiblichen Namen semitischen und slavischen Ursprungs, die auf *y* ausgehen: *xany* ‚Hanna, Anna', *zlaty* ‚Gold'. Das geht klar aus einem Namen wie *goldy* hervor: das mhd. Wort ist ja einsilbig: *golt.*

Analogie ist wohl auch die allgemeine Ursache für Genuswechsel. Wörter wie *śiny* ‚Änderung', *maśky* ‚Getränk' sind feminin geworden, weil die weit überwiegende Mehrheit der zahlreichen auf *y* auslautenden Substantive semitischen und slavischen Ursprungs Feminina sind: *midy* ‚Eigenschaft', *xvaliy* ‚Welle'. *Śabys* ‚Sabbath', feminin im Hebräischen, ist maskulin geworden, vielleicht nach Analogie der andern Tage der Woche und weil die Form des Wortes für das jiddische Sprachgefühl jedenfalls nicht feminin klingt. Die auf *ys* – die hebr. Femininendung *es (e̲t)* – ausgehenden Wörter sind Neutra geworden, offenbar nach Analogie der häufigen Wörter mit der gleichen Endung *ys,* das aber hebräischen *js (ûṯ)* entspricht, z. B. *guulys* ‚Exil'. Da auch diese Wörter im Hebräischen Feminina sind, könnte man an eine Analogiebildung nach der gleichbedeutenden Endung *kait* denken, denn Wörter mit der Endung *kait* sind Neutra. Dann erhebt sich aber die Frage, warum Wörter mit der Endung *kait* Neutra sind. Sie geht ja auf das mhd. Feminin *heit* ‚Beschaffenheit' zurück, indem sie aus der Verbindung der Endung *ic* mit *heit (–ic +heit)* abstrahiert wurde, und auch im Jidd. ist *hait* feminin.

Entstehung neuer Wörter

Es gibt im Jiddischen eine ganze Anzahl sogenannter hebräischer Wörter, die im Hebräischen gar nicht existieren, sondern aus hebräischem Material nach der Analogie des semitischen

Elements geformt wurden, z. B. *bal-toivy* ,Wohltäter', *baaln* ,jemand, der etwas gerne hätte/täte', *baluunys* ,das Darauf-aus-sein, das Haben-wollen', *iaxsn* ,vornehmer Mann; von guter Abkunft', *iaxsuunys* ,vornehme Abkunft'. Die meisten werden auch im Hebräischen gebraucht, da die beiden Sprachen im Bewußtsein des Schreibers zwar deutlich geschieden sind, aber doch nicht scharf auseinandergehalten werden können.

Eine interessante Gruppe ist durch eine Art von Reduplikation gebildet, z. B. *dilydal* ,sehr arm' (talmudisch: *daly dalys/ dallê d̲allûṯ), byzilyzol* ,sehr billig', *bizy-bizioinys* ,große Schande', *xjlśy-xaluuśys* ,sehr abstoßend'. Diese Formen scheinen dem Muster *śir haśiirym* ,das Hohelied' zu folgen. Das ist noch deutlicher in *sod soidys* ,großes Geheimnis'.

Eine weitere Gruppe sind die aus Zusammensetzungen entwickelten Substantive. Wir können dabei beobachten, wie ein Kompositum zu einem Simplex wird. Im Hebr. hatte *ịōm* ,Tag' mit dem Attribut *tov (ṭôḇ)* ,gut' bereits die Bedeutung ,Festtag' erlangt. Im Jiddischen ist diese Gruppe auch phonetisch zu einem Simplex geworden: *iontyv;* das *m* glich sich an den Dental an und das zweite Wort verlor seine Eigenbedeutung und damit den Akzent, den es im Hebräischen als Attribut gehabt hatte. Das erste Wort bildete nunmehr die Drucksilbe des neuen Zweisilblers. Darum kann der ,gute Tag' jetzt Adjektiv ,gut' als Attribut erhalten: *gjt iontyv!* oder *a gjtn iontyv!* (Festtagsgruß) und kann als Einheit mit formbildenden Elementen zusammengesetzt werden: *iontyvdik* ,festtäglich; festlich'. Auch im Plural bleibt es ein Simplex: *iontoivym* gegen hebräisches *iumym toivym.* Die Druckverlegung auf die vorletzte Silbe, die ja im Singular die letzte war, widerspricht dieser Feststellung nicht. In Zweisilblern des semitischen Elements ist die Druckverlegung ja ungemein häufig: *nisryf* ‚Abbrändler' – *nis'rufym, xuulym – xa'loimys* ‚Traum'.

Wenn die ursprüngliche Gruppe eine Genitivverbindung war, weicht der Plural noch viel mehr von der hebräischen Form ab, z. B. *am'uuryc – am'racym* ‚Ungebildeter', gegen hebr. *amy hu'uuryc* oder` amy *hu-a'r uucys.*

Bei *iontyv* und *amuuryc* zeigt die Orthographie an, daß es sich um Zusammensetzungen handelt. Aber in manchen Fällen ist diese Tatsache auch in der Schreibung nicht mehr sichtbar, z. B. *boiml* ‚Öl = Olivenöl' aus *boim + ail* (mhd. *boum, öl); buurvys* (mhd. *barvuoȥ)* ist ein adjektivisches Simplex, bei dem jeder Zusammenhang mit ‚Fuß' geschwunden ist und das darum flektiert wird: *buurvyser, buurvysy, buurvysn.*

Verschiebung des syntaktischen Zusammenhangs

Vuurn ‚denn' ist, wie die Parallelform *vuurym* zeigt, etymologisch mit *warum* identisch. Die Entwicklung ist klar. Wenn man einen Menschen lebhaften Temperaments nach dem Grund für etwas fragt, neigt er dazu, das Fragewort (oder auch die ganze Frage) zu wiederholen. Frage: *vurjm* (ursprüngliche Form) *obn zai zex myiaśyv gyvéin?* ‚Warum haben sie es sich überlegt? ' Antwort: *'vuu'rjm? zai obn gyzéin, az s iz śoin cjj śpéit.* ‚Sie sahen, daß es schon zu spät war.' Dabei wechselte der Druck auf die erste Silbe hinüber, was zur Vokalschwächung in der zweiten Silbe, weiter zum Übergang von *m* zu *n* und so schließlich zum völligen Vokalausfall und zur Silbischkeit des *n* führte. Die Benützung dieses Wortes an dieser Stelle ließ es die Rolle eines Verbindungsgliedes zwischen einem Haupt- und Nebensatz einnehmen, es wurde schließlich als die Einführung eines Nebensatzes empfunden, d. h. es war eine Konjunktion geworden (vgl. das italienische *perché*). Die alte Form und seine Bedeutung verschwanden vollständig, *far vuus,* eine Lehnübersetzung aus dem Slavischen, wurde das neue Fragewort für ‚warum'.

Analog wurde aus dem mhd. Satz *ëʒ sî dẹnne* ‚es sei denn' die jid. Konjunktion *saadn* ‚wenn nicht, außer'.

Im Hebräischen ist *éiryv* ein Substantiv: ‚Abend'. In der Genitivverbindung mit den Wörtern Sabbat, Festtag, Passah u. a. bedeutet es den Vorabend dieser Tage, schließlich auch den ganzen Tag (vgl. das deutsche Wort *Sonnabend),* der mit Nachtanbruch als dem Beginn des nächsten Tages endet. Von diesen häufigen Ausdrücken – *éiryv śabys, éiryv iontyv, éiryv paisex* etc. – wurde *éiryv* dann als eine Präposition isoliert: ‚(unmittelbar) vor' (zeitlich) und allgemein gebraucht: *éiryv dym groisn iber-kéirynis* ‚(unmittelbar) vor dem großen Umsturz'.

Der Schreibung nach wäre die Etymologie von *tomer* ‚vielleicht, wenn, daß nicht' im indogermanischen Element zu suchen und phonetisch böte das keine Schwierigkeit. Hier haben wir aber einen orthographischen Ausnahmefall. Ein solches Wort ist nämlich nur im Hebräischen zu finden, mit der Bedeutung ‚du sagst'. Die Verbindung zwischen den beiden ist leicht hergestellt. Die Entwicklung beginnt in der Schule. Beim Studieren des Talmuds werden Einwürfe vorweggenommen und verschiedene Lösungsmöglichkeiten eines Problems erwogen. Sie werden durch *ve-im tomer* ‚und wenn du sagtest' eingeleitet. Der Text wird gewöhnlich nicht einfach mit den Augen aufgenommen, sondern im Sington gelesen, übersetzt, durchgesprochen, auch wenn der Schüler oder Student allein studiert. Er sagt also *ve-im tomer, jn oib dj vést zugn* ‚ve-im tomer, und falls du sagen wirst', oder, mit Auslassung des *jn oib* ‚und falls' und Anfangsstellung des verbum finitum (was im Jiddischen eine stärkere Anknüpfung an das Vorhergehende bedeutet): *tomer, véstj zugn* ‚tomer (d. h.) du wirst sagen'. Diese Gruppe wuchs nun zusammen: *tomer véstj zugn.* Das erste Wort verlor seine ursprüngliche Bedeutung und Funktion, wurde Teil eines jiddischen Satzes. Es erlangte so die Bedeutungen ‚wenn; vielleicht'. Mit anderen Worten, *tomer* wurde eine jiddische Konjunktion.

Diese Entwicklung muß, nach dem Ausweis des *o* in *tomer,* recht alt sein. Es hat die Kürze, die im frühen Jiddischen für das Ḥolem gegolten haben muß, bewahrt, im Gegensatz zu der allgemeinen Dehnung und dann Diphthongierung der Kurzvokale in offener Durcksilbe: *śọmer* zu *śọọmer* zu *śoimer.* Bei der Torahrezitation, beim Gebet und beim Lesen eines hebräischen Textes wird unser Wort demgemäß *toimar* ausgesprochen. Es gehört also zur Gruppe

mhd.	j.	
sumer	*zjmer*	‚Sommer'
gevatere ‚Gevatter'	*kvater* ‚der das Kind zur Beschneidung hinträgt'	—
jẹner	*iéner*	‚jener'

Sprach- und Mundartgrenzen des Jiddischen

VI

Die Mundarten

Das Jiddische zerfällt in zwei Mundartengruppen, eine westliche in Deutschland und angrenzenden Gebieten und eine östliche in den osteuropäischen Ländern, während dazwischen eine kleine Übergangsgruppe liegt. Vom Westjiddischen waren bis zur Vernichtung der deutschen Judenheit noch Reste im hessisch-fränkischen Raum sowie im Elsaß vorhanden. Heute verschwinden mit den wenigen Menschen, die der nationalsozialistischen „Endlösung" entronnen waren und die heute über die ganze Welt verstreut sind, die letzten Spuren des Westjiddischen und des Mitteljiddischen.

Das lautliche Kennzeichen des Westjiddischen ist *aa* für mhd. *ei* und *ou,* z. B. *vaas* ‚(ich) weiß', *baam* ‚Baum', und *ai* für mhd. *î,* z. B. *vais* (Farbe). Diesem Erbgut aus den deutschen Mundarten steht im Ostjid. eine Eigenentwicklung gegenüber: *vais* ‚(ich weiß)', *boim* ‚Baum', *vaas* ‚weiß' (Farbe). Die Opposition *aa/ai* ergibt also das folgende Bild:

Mhd.	Westjid.		Ostjid.
ei	*vaas*	↔ (gekreuzt)	*vais*
î	*vais*	↔ (gekreuzt)	*vaas*

Ai und *oi* sind nicht die einzigen Entsprechungen des westj. *aa*. In einem Teil des ostj. Sprachgebiets finden wir, ebenso wie im Westj., den Zusammenfall von mhd. *ei* und *ou,* aber mit ganz anderer Lautung:

Mhd. *(ich) weiz*	Ostjid. O-Ma.	*vẹis*	‚weiß‘
boum		*bẹim*	‚Baum‘

Der Zusammenfall im Ostj. hat aber nichts mit dem im Westj. zu tun. Im letzteren hat die Entwicklung im Schoß der deutschen Mundarten stattgefunden:

ei – ai – aai – aa *veis – vais – vaais – vaas*
ou – au – aau – aa *boum – baum – baaum – baam.*

Im Ostj. dagegen ging die Entwicklung des mhd. *ou* über allgemein geltendes ostj. *oi* zu mundartlichem *öi* und weiter zu entrundetem *ẹi* und dies fiel nun mit dem alten *ẹi* (mhd. *ei*) zusammen:

boum – boom – boim – böim – bẹim.

Die j. Lautung *ai* für mhd. *ei* stimmt mit der nhd. überein, stammt aber wohl nicht aus dem Deutschen. Dies geht daraus hervor, daß das j. *ai* nicht nur mhd. *ei*, sondern auch deutschem, semitischem und slavischem *e* entspricht:

mhd.	*heben*	j.	*haibn*	‚heben‘
hbr.	*neder*		*naider*	‚Gelübde‘
sl.	*chrěn*		*xrain*	‚Meerrettich‘

Die soeben benutzten Beispiele *ai/ẹi, aa/ai* und *oi/ẹi* kennzeichnen die beiden Mundartgruppen, in die das Ostjiddische zerfällt. Die Hautgrenzlinien sind in der folgenden Tabelle kurz zusammengefaßt.

Ai-Mundart	U-Mundart	Äi-Mundart	O-Mundart	Sem. Mhd. Slav.	
	/zukn/		*/zokn/*	*/zāqện/*	‚Greis‘
	/zugn/		*/zogn/*	*sagen*	‚sagen‘
	/buby/		*/boby/*	*baba*	‚Großmutter‘
	/xuusn/		*/xosn/*	*/ḥatan/*	‚Bräutigam‘
	/nuul/		*/nol/*	*ale*	‚Ahle‘
	/suud/		*/sod/*	*sad*	‚Obstgarten‘
/toub/		*/toub/ /tuub/*	*/toib/ /tuib/*	*tûbe*	‚Taube‘
	/xoimer/		*/xẹimer/*	*/ḥômẹr/*	‚Materie‘
	/toib/		*/tẹib/*	*toup (b)*	‚taub‘
	/ploit/		*/plẹit/*	*płot*	‚Zaun‘
	/maaly/		*/maily/*	*/maʿălâ/*	‚gute Eigenschaft‘
	/maan/		*/main/*	*mîn*	‚mein‘
/maily/		*/mẹily/*	*/mẹily/*	*/mēlâ/*	‚immerhin‘
/main/		*/mẹin/*	*/mẹin/*	1. meine	‚(ich) meine‘
				2. mê	‚mehr‘
	/xẹisyd/		*/xẹsyd/*	*/ḥẹsẹd/*	‚Gnade‘
	/mẹign/		*/mẹgn/*	*mögen*	‚dürfen‘

U-Mundart		O-Mundart	Sem. Mhd. Slav.	
Ai-Mundart	Äi-Mundart			
/gif/		*/guf/*	*/gūp̄/*	‚Körper'
/frim/		*/frum/*	*vrum*	‚fromm'
/slip/		*/slup/*	*s̆lup*	‚Pfahl'
/tviiy/		*/tvuy/*	*/tĕb̲ūʾâ/*	‚Getreide'
kii		*ku*	*kuo*	‚Kuh'
śliity		*ślity*	*/ šĕlīṭâ/*	‚Herrschaft'
ziin		*zin*	*süene*	‚Söhne'
paaiyt		*paiyt*	*/paiiṭ/*	‚Piut'
śtaal		*śtal*	*stal (ll)*	‚Stall'
doorn		*dorn*	*dorn*	‚Dorn'

Diese Entsprechungen zeigen klar, daß die ostj. Mundarten nicht irgendwelchen deutschen Dialekten entsprechen, sich also erst in Osteuropa herausbildeten.

Die hier angegebenen Grenzlinien für die verschiedenen Phoneme decken sich fast vollständig. Die praktischste Benennung der Mundarten ist die nach der erstgenannten Scheidelinie.[1] Die Statuierung einer „östlichen" Mundart ist unangemessen, da die Übereinstimmung ihrer nördlichen und südlichen Zone nur durch die Ungenauigkeit des für den angeblich identischen Laut verwendeten Zeichens vorgetäuscht wird: Der Diphthong, der orthographisch durch Doppeljod (mit oder ohne Ṣere) bezeichnet wird, erscheint in „phonetischer" Umschrift in hebräischen Lettern als Ajin + Jod, in lateinischen und kyrillischen Buchstaben als *ej*. Die lautliche Realität sieht aber anders aus. Im Süden ist der erste Vokal des Diphthongen ein sehr offenes *e*, das dem *a* des Westens näher steht als dem geschlossenen *e* des Nordens, also z. B. westlich śain – südöstlich śäin – nördlich *śẹin*. Da fast alle andern Phoneme der südöstlichen Mundart mit denen des Westens identisch sind oder aus ihr erklärt werden können, ist kein Grund vorhanden. Westen und Südosten von einander zu trennen. Es handelt sich hier nicht

[1] Als ich seinerzeit die Bezeichnungen U-Dialekt (aus Ai-Mundart und Äi-Mundart bestehend), und O-Dialekt einführte, weil die damals üblichen Namen „polnisch" und „litauisch" den politisch-geographischen Verhältnissen so gar nicht entsprachen, kam es mir darauf an, „dem beim jüdischen Volk noch weniger als sonst angebrachten Territorialbegriff in einer Definition nationaler Dinge keinen Raum zu geben" *(Grammatik der jiddischen Sprache,* Wien, Vorwort 1915, erschienen 1918, S. 15) – im Sinne der Bestrebungen vor 1914, die Österreich-Ungarn in ein Gefüge nationalkultureller Einheiten umbauen wollten, so daß dieser Staat sich nicht mehr aus Ländern, sondern aus Völkern (= nationalkulturellen Einheiten) zusammensetzen sollte. Eines dieser Völker wäre das jüdische gewesen.

einfach um Genauigkeit oder bloß Terminologie, sondern um eine Einteilung, die der Forschung abträglich ist, weil sie in eine falsche Richtung führt.

Was das geographische Bild betrifft, so handelt es sich hier selbstverständlich in der Hauptsache um eine historische Darstellung. In Polen, vor dem zweiten Weltkrieg der Schwerpunkt der osteuropäischen und auch der Weltjudenheit, gibt es keine Juden mehr. Von den Verhältnissen in der Soviet-Union wissen wir nichts, es kann aber keinem Zweifel unterliegen, daß große Verschiebungen in der jüdischen Bevölkerung vorgegangen sind. (Die offizielle Statistik sagt natürlich nichts über die jiddischen Mundarten und ist – selbstverständlich – als Sprachstatistik des Jiddischen wertlos.) Das mundartliche Bild Rumäniens, Ungarns und der Tschechoslowakei hat sich trotz starker Schrumpfung der jüdischen Bevölkerungszahl und vermutlich beträchtlicher Verschiebungen vielleicht nicht allzusehr verändert.

Die U/O-Linie verlief* in südöstlicher Richtung von der einstigen Grenze Ostpreußens, begann ungefähr zwischen Mlawa und Lomza, ging östlich von Brest-Litowsk über Kiew nach Poltawa – südlich von ihr war die U-Mundart, nördlich die O-Mundart. Die erstere war durch eine innere Grenze unterteilt, die von ungefähr Ostrolenka südöstlich über Siedlce, Brody, Tarnopol, Horodenka nach Kolomea lief – westlich war die Ai-Mundart, östlich die Äi-Mundart. Sodann überquerte die Grenze die Karparten (Munkacs, Hust) nach Szegedin, und wurde die Südgrenze der Ai-Mundart, bog dann nordwärts, überschritt die Beskiden und schloß sich bei Auschwitz der westlichen Vorkriegsgrenze zwischen Deutschland und Polen an. Diese Linie beruhte auf den jiddischen Entspre-

* Die hier angegebenen Grenzen sind nur sehr ungefähre Annäherungswerte

chungen der mittelhochdeutschen Phoneme *ei*, ê, ẹ, *æ*, *œ* und *öu*. Die Ostgrenze des Jiddischen verlief vom Gouvernement Witebsk südöstlich zum Gouvernement Jekaterinoslaw (= Dniepropetrowsk) – die Ostgrenze der O-Mundart; die Ostgrenze der U-Mundart verlief dann ungefähr von Poltawa zum Schwarzen Meer. Es bedarf wohl kaum der Erwähnung, daß sich an den Mundartgrenzen Übergangs- und Mischzonen – wenn auch nur in beschränktem Maße – herausbildeten.

Zwischen Westjiddisch und Ostjiddisch steht das Mitteljiddische. Hier entspricht mittelhochdeutschem *ei* und *ou* – wie im Westj. – langes *a*:

mhd. *bein*	mj. *baan / baa*	wj. *baan*	‚Knochen'
boum	*baam*	*baam*	‚Baum'

Mittelhochdeutschem *î* entspricht, wie im Westj., *ai:*

dîn	*dain*	*dain*	‚dein'

Aber die Entsprechungen des mhd. *ô*, (gedehnten) *o*, *uo* und *u* stehen dem Ostj. sehr nahe:

grôʒ	*groüs*	oj. *grois*	‚groß'
vogel	*foügl*	*foigl*	‚Vogel'
kuo	*küü*	*kii*	‚Kuh'
vrum	*früm*	*frim*	‚fromm'

Dasselbe gilt für das semitische Element:

tora	*toüry*	*toiry*	‚Tora'
tĕḇūʾâ	*tvüüy*	*tviiy*	‚Getreide'
gūp̄	*güf*	*gif*	‚Körper'

Der Sitz des Mitteljiddsichen war die Westslovakei, Westungarn, bis um die Mitte des neunzehnten Jahrhundert auch Böhmen und Mähren.

Eine überdialektische, d. h. eine mehr oder weniger künstliche Gemeinaussprache gibt es im Jiddischen nicht. Gegenwärtig bemühen sich gewisse Kreise, ihre eigene, die O-Mundart, zur

Standardaussprache zu machen, obwohl sie nur ein Viertel aller Sprecher umfaßt. Dies scheint, von andern Dingen abgesehen, nicht praktisch zu sein und darum wird ihnen wohl kein Erfolg beschieden sein.

In der Schrift ist die Verschiedenheit der Aussprache nicht ersichtlich, weil die Lautungen – mit verschwindenden Ausnahmen – in genauen Parallelen verlaufen, so daß die Schreibung von jedem nach seiner Mundart gelesen werden kann. (Ähnliches gilt natürlich für die meisten mundartlich unterteilten Sprachen, auch die mit einer Einheitsaussprache, die aber doch immer mundartlich gefärbt ist.) Der Grund hierfür ist natürlich, daß die Schreibung beharrt, während die Lautung sich ändert. Der Leser ist sich dessen selbstverständlich nicht bewußt.

Die Schriftsprache ist recht einheitlich. Ihre Grammatik entspricht der des U-Dialektes. Das hat verschiedene Gründe: die Begründer der modernen jiddischen Literatur gehörten dieser Mundart an; diejenigen unter ihren Vorgängern, die derselben Mundart entstammten, schrieben ein gutes, volkstümliches Jiddisch, während diejenigen, die zur O-Mundart gehörten, ein verdeutschtes Kauderwelsch schufen, dessen Nachwirkungen und Weiterwirkungen sehr stark in die moderne Literatursprache reichen; die vormoderne Schriftsprache steht der U-Mundart näher als der O-Mundart und das zeigt sich in der modernen Literatursprache, soweit sie die vormoderne fortsetzt.

VII

Die Quellen des ostjiddischen Vokalismus

Die folgende Darstellung gibt die Anfangs- und Endpunkte der jiddischen Vokalgeschichte. Die heutige Phoneme sind also nicht unmittelbar aus den angeführten biblischen, talmudischen, mittelhochdeutschen und slawischen Formen abzuleiten. In vielen Fällen ist die Entwicklung ohne weiteres durchschaubar, aber in vielen anderen ist es heute noch nicht möglich, sie verläßlich aufzuzeigen. Das wird sich erst auf grund einer langen Reihe von Einzelforschungen tun lassen. Hier geht es nur darum, ein übersichtliches Bild zu gewinnen.

Beim semitischen Element ist zuerst die Umschrift des Wortes nach dem semitischen System gegeben, gefolgt von der erschlossenen Form im Urjiddischen

I. /u/

/u/ entspricht den folgenden Phonemen der Quellen:

1 Semitischem Kames vor einem Labial: (_ṣāp̄ôn_) — *_cafon_ > _cufn_ ‚Norden', (_kāḇôḏ_) — *_kavod_ > _kuvyd_ ‚Ehre', (_ṉěšāmâ_) — *_něśama_ > _nyśumy_ ‚Seele.'

2 Kames vor einem Velar: (_mělāḵâ_) — *_mělaxa_ > _myluxy_ ‚work,', (_ṣěḏaḵâ_) — *_cědaka_ > _cduky_ ‚Almosen,' (_nāḡîḏ_) ‚Fürst' — *_nagid_ > _nugyd_ ‚rich man.'

3 Kames vor Pharingal: (*niṣṣāḥôn*) – **nicaxon* > *nycuxn* ‚Sieg.‘
4 Pattach vor Velar: (lĕhak̲‘îs) ‚zu erzürnen‘ – **lĕhax’is* > *cj luxys* ‚zu Trotz.‘
5 Pattach vor Pharingal: (*ḥaddaḥat̲*) – **kadaxas* > *kyduxys/gyduxys* ‚Fieber.‘
6 Pattach in individual cases: (*‘ammûd̲*) ‚Säule‘ – **amud* > *umyd* ‚Buchseite; Vorbeterpult.‘
7 Mhd. *a* vor Labial: *haben* > *hubn* (Infinitiv) ‚haben‘, *name* > *numyn* ‚Name.‘
8 Mhd. *a* vor Velar: *wagen* > *vugn* ‚Wagen.‘
9 Mhd. *â* vor Velar: *hâke* > *huk* ‚Haken.‘
10 Sl. *a* in gewissen Wörtern: *baba* > *buby* ‚Großmutter.‘
11 *U* in „internationalen“ Wörtern: *rewolucja* > *revolúciy* ‚Revolution.‘

II. /u:/

/u:/ entspricht den folgenden Phonemen der Quellen:

12 Kames in offener Silbe (*kĕlālâ*) – *kĕlala* > *kluuly* ‚Fluch.‘
13 Pattah + Chatef Pattach in (*ta‘anît̲*) – **ta’anis* > *tuunys* ‚Fasten.‘
14 Pattach in certain cases: (*rab̲*) – **rav* > *ruuv* ‚Rabbi.‘
15 Chatef Pattach in unbetonter vorletzter Silbe (*ḥăṣî*) – **xaci* > *xuucy* ‚halb‘
16 Mhd. *â: âne* > *uun* ‚ohne’.
17 Mhd. *a* in einfach geschlossener Silbe: Mhd. *stat* > *śtuut* ‚Stadt, Sitzplatz (in der Synagoge).‘
18 Mhd. *a* in durch *r*+Konsonant geschlossener Silbe: Mhd. *bart* > *buurd* ‚Bart.‘
19 Sl. *a* in einfach geschlossener Silbe: *sad* > *suud* ‚Obstgarten.‘
19* Sl. *a* in unbetonter doppelt geschlossener Silbe, in *Buczacz* (*búčač*) > *byćuuć* (Stadtname).

20 Sl. *a* in ursprünglich offener Silbe: *Kazimierz* (= *Kasimir*) > *Kuuzmer* > *Kuuzmark*) ‚eine Vorstadt, jetzt Teil, Krakaus.

21 Sl. *o* in *golić* > *guuln* ‚rasieren' (< *galić*? Vgl. Bjalorussisch *halić*.)

21* *U* vor *r* in „internationalen" Wörtern: *kultuur* ‚Kultur.'

III. /ɔ/

/ɔ/ entspricht den folgenden Phonemen der Quellen:

22 Kames Chatuf: (*ḳorbân*) – **ḳorban* > *korbm* ‚Opfer.'

23 Kames Chatuf + Chatef Kames: (*moḥŏzâḳ*) – **muxzak* > *moxzyk* ‚angenommen, vorausgesetzt.'

24 Cholem in geschlossener Silbe: (*ḳôl*) – **kol* > *kol* ‚Stimme.'

25 Cholem in Silbe vor Schwa: (*jōrĕšîm*) – **iorśim* > *iorśym* ‚Erben.'

26 Cholem in Silbe vor Chatef: (*sōḥărîm*) – **soxrim* > *soxrym* ‚Kaufleute.'

27 Cholem in Silbe vor Schwa + Alef: (*śonĕ'îm*) – **son'im* > *sonym* ‚Feinde.'

28 Cholem in Silbe vor Schwa + Ajin: (*pōšĕ'îm*) – **poś'im* > *pośym* ‚Sünder' (Pl.

29 Kāmes or Cholem Chatuf vor *r*: (*mĕṭōrâp̄*) – **mĕturaf* > *mytoryf* ‚verrückt.'

30 Schureḳ/Kibbus vor *r*+Konsonant: (*ḥurbân/ḥorbân*) – **xurban* > *xorbm* ‚Zerstörung.'

31 Schurek/Kibbus vor h+Chatef: (*rūḥănijûṯ*) – **ruxnius* > *roxniys* ‚Geistigkeit.'

32 Mhd. *o* in doppelt geschlossener Silbe: *wolf* > *volf* ‚Wolf.'

33 Mhd. *o* in durch langen Konsonanten geschlossener Silbe: *wolle* > *vol* ‚Wolle.'

34 Mhd. *o* vor *sch: gedroschen* > *gydrośn* ‚gedroschen.'

35 Mhd. *o* vor *ss: grosse/n* > *grośn* ‚Groschen.'

36 Mhd. *o* vor *ch: woche* > *vox* ‚Woche.'

37 Mhd. *o* ausnahmsweise in einfach geschlossener Silbe: *grop(b)* > *grob* ‚dick.'

38 Mhd. *o* in gewissen Fällen in offener Silbe: *honec* > *honik* ‚Honig.'

39 Mhd. *â* in gewissen Wörtern: *hâst, hât* > *(h)ost, (h)ot* ‚hast, hat/habt.'

40 Mhd. *a* in gewissen Wörtern: *habe, haben* > *(h)ob, (h)obn* ‚habe, haben.'

41 Mhd. *a* in gewissen Fällen vor Nasal: *lampe* > *lomp* ‚Lampe,' *zwanzig* > *cvoncik* ‚zwanzig.'

42 Mhd. *u* vor *r* + Konsonant: *wurm* > *vorym* ‚Wurm.'

43 Mhd. *u* vor *ch: bruch* ‚Bruch' > *brox* ‚Unglücksfall.'

44 Mhd. *u* vor *h* (ch) + Konsonant: *suht* > *zox* ‚Krankheit.'

45 Mhd. *û* in *ûf* > *of* ‚auf.'

46 Sl. *o: sosna* > *sosny* ‚Fichte.'

47 Sl. *ǫ: ląka* > *lonky* ‚Wiese.'

48 Sl. *u* vor *r: szczur* (*ščur*) > *ścor* ‚Ratte.'

49 Sl. *u* vor *r* + Konsonant: *hurt* > *hort* ‚en gros.'

50 Sl. *a* in *harować* > *horyvyn* ‚schwer arbeiten.'

51 In einem Teil der Äi-Mundart: Jedes *a* – Sem., Mhd., Sl. – vor *b, c, d, f, k, l. m, n, s, t, z:* (*gazlân*) – **gazlan* > *gozlyn* ‚Räuber,', *ganz* > *gonc* ‚ganz,' *chapać* > *xopm* ‚packen, fangen.'

IV. /ɔ:/

/ɔ:/ entspricht den folgenden Phonemen der Quellen:

52 Kames vor *j:* (*bizzājôn*) – **bizaion* > *byzooiyn* ‚Schande, Beschämung.'

53 Cholem vor _j:_ (_gōj_) – *_goi_ > _goo/gooi/goi_ ‚Nichtjude.‘

54 Mhd. _o_ vor _rn: zorn_ – _coorn_ ‚Zorn.‘

V. /a/

/a/ entspricht den folgenden Phonemen der Quellen:

55 Pattach in geschlossener Silbe (_rak̦_) – *_rak_ > _rak_ ‚nur,‘ (_malkâ_) – *_malka_ > _malky_ ‚Königin.‘

56 Pattach vor langem Konsonanten: (_mazzâl_) – *_mazal_ > _mazl_ ‚Schicksal, Glück.‘

57 Chatef Pattach im Wortanlaut: (_ḥăṯunnâ_) – *_xasuna_ > _xasyny_ ‚Hochzeit.‘

58 Kames in geschlossener Silbe: (_jām_) – *_iam_ > _iam_ ‚Meer.‘

59 Kames in (_sĕp̄āraḏ_) * _sfaradim_ > _sfardym_ ‚Sefardim‘ (die Juden Spaniens und ihre Nachkommen; oft irriger- und unsinnigerweise auch auf die verschiedensten Gruppen orientalischer Juden, die nie Asien verlassen hatten, übertragen).

60 Kames in den Partizipien des Pi‘‘el und Hitpa‘‘el der Verba med. _r:_ (_mĕṣarep̄_) – _mĕcaref_ > _mycaryf zaan_ ‚hinzufügen/einschließen.‘

61 Kames in gewissen Fällen: (_ḥāḇêr_) – *_xaver_ > _xàver_ ‚Genosse, Freund.‘

62 Segol vor r + Konsonant: (_ḥe̱rpâ_) – *_xerpa_ > _xarpy_ ‚Schande, Schmach.‘

63 Sere vor _r_ (im Westen der ai-Mundart): (_tērûṣ_) – *_tiruc_ > _taryc_ ‚Erklärung, Begründung.‘

64 Chirek vor r + Konsonant (wie in 63): (_mirjâm_) – *_miriam_ > _mariym_ ‚Mirjam‘, (_ṭirḥâ_) – *_tirxa_ > _tarxy_ ‚Mühe.‘

65 Mhd. _a_ vor Doppelkonsonanz: _sant(d)_ – _zamd_ ‚Sand.‘

66 Mhd. _a_ vor langem Konsonanten: _amme_ > _nam_ ‚Amme.‘

67 Mhd. *a* vor *sch: waschen* > *vaśn* ‚waschen.'
68 Mhd. *a* vor *ch: gemach* ‚bequem' > *gymax* ‚in Ruhe' (lassen).
69 Mhd. *ä* vor r + Konsonant: *värwen* > *farbn* ‚färben!'
70 Mhd. *ë* vor r + Konsonant: *hërze* > *harc* ‚Herz.'
71 Mhd. ė vor r + Konsonant: *hėrbërge* ‚Herberge, Wohnung' > *harberyg* ‚Wohnsitz' (Bibelsprache).
72 Mhd. *i* vor *r* + Konsonant (s. Nr. 63): *zirkel* > *carkl* ‚Zirkel.'
73 Mhd. î vor *h(ch)* + Konsonant (s. Nr. 63): *gedîhte* > *gydaxt* ‚dicht.'
74 Mhd. *ie* vor *h(ch)* + Konsonant (s. Nr. 63): *lieht* > *laxt* ‚Licht; Kerze.'
75 Mhd. *ie* vor *r* + Konsonantn (s. Nr. 63): *viertel* > *fartl* ‚Viertel.'
76 Mhd. *ü* vor *r* + Konsonatnt: *bürste* > *barśt* ‚Bürste.'
77 Mhd. *ü* in *vür* > *far* ‚vor, für.'
78 Mhd. *e* vor *r* + Konsonant: *ver-* > *far-* ‚ver-.'
79 Mhd. *e* in *be- ba-: bereden* ‚wovon reden' u. a. > *barédyvdik* ‚beredt'.

VI. /a:/

/a:/ entspricht den folgenden Phonemen der Quellen:

80 Pattach + *h* + Chatef Pattach: (*jahădûṯ*) – **iahadus* > *iâdys/iahâdys* ‚Judentum.'
81 Pattach + *h* + Chatef Pattach: (*jahădûṯ*) – **iahadus* > *iâ̰ dys* ‚Judentum.'
82 Pattach + *h* + Vokal: (*mĕṭahêr*) – **mëtaher* > *mytáer zaan* ‚reinigen' (in übertragenem Sinn).
83 Pattach + Alef + Chatef Pattach: (*ma'ăḵâl*) – **ma'axal* > *maaxl* ‚Speisen'
84 Pattach + Alef + Chatef Pattach: (*ga'ăwâ*) –**ga'ava* > *gaavy/gạ̰vy* ‚Hochmut.'

85 Pattach + Ajin + Chatef Pattach: (*ma‘ărâḇ*) – **ma’arav* > *maaryv* ‚West.‘

86 Pattach + Ajin + Chatef Pattach: (ma‘ăśɛ) – **ma’ase* > *maasy/mâ̰sy* ‚Tat, Geschehnis, Geschichte‘ (Erzählung).

87 Pattach + Ajin + Chatef Pattach: (*ba‘ălân*) – **ba’ălan* > *bâln* ‚jemand der gern + Verbum.‘

88 Pattach vor *j:* (*ḥajil*) – **xaiil* > *xaiyl/xaayl* ‚Heer.‘

89 Kames in den Partizipien des Pi‘‘el und Hitpa‘‘el in Wurzeln mit Alef als zweitem Radikal: (*mĕjā’êš*) – **mĕia’eś* > *zex myiâyś zaan* ‚verzweifeln.‘

90 Kames in den Partizipien des Pi‘‘els und Hitpa‘‘els der Wurzeln mit Ajin als zweitem Radikal: (*mĕšā‘êr*) – **mĕśa’er* > *myśáer zaan* ‚vermuten, annehmen.‘

91 Kames vor *j:* (*lĕwājâ*) – **lĕvaia* > *lyvâiy/lyvaay* ‚Leichenbegängnis.‘

92 Schwa + Alef + Sere: (*šĕ’ēlâ*) – **śa’ala* > *śaaly* ‚Frage.‘

93 Schwa + Alef + Kames: (*dĕ’āgâ*) – **da’aga* > *dá̭gy* ‚Sorge.‘

94 Schwa + Alef + Kames: (*kĕ‘ārâ*) Schüssel – **ka’ara* > *kaary* ‚Almosenschüssel.‘

95 Mhd. *a* vor langem *r: narre* ‚Narr‘ > *nár* ‚Dummkopf.‘

96 Mhd. *a* vor r + Nasal: *warm* > *várym* ‚warm.‘

97 Mhd. *ë* vor langem r: *spërren* ‚sperren‘ > *śpárn zex* ‚argumentieren‘ (im Gespräch.)

98 Mhd. *ë* vor *r: gërn* > *gárn* ‚begehren.‘

99 Mhd. *i* vor *r: bire* > *bár* ‚birne.‘

100 Mhd. *î: hînte* > *haant* ‚heute.‘

101 Mhd. *ü* vor langem *r: dürre* ‚dürr, trocken, mager‘ > *dár* ‚mager.‘

102 Mhd. *iu: biuten* ‚rauben; Tauschen‘ > *baatn* ‚tauschen, wechseln,‘ *liute (liüte)* > *laat* ‚Leute;‘ *hiuser (hüser)* > *haazer* ‚Häuser.‘

VII. /ε/

/ε/ entspricht den folgenden Phonemen der Quellen:

103 Segol vor Doppelkonsonanz: (*ḥεḇrâ*) – **xevra* > *xévry* ‚Verein, Gesellschaft.'

104 Segol vor langem Konsonanten: (*hεzzêḳ*) – **hézyk* ‚Schaden.'

105 Chatef Segol im Wortbeginn. (*'ĕmεṯ*) – **ĕmes* > *émys* ‚Wahrheit.'

106 Sere in geschlossener Silbe (*tel*) ‚Hügel; Schutthaufen' – **tel* > *tél* ‚Zerstörung' (in übertragenem Sinn).

107 Chirek vor *ḥ*: (*miḥjâ*) – **mixia* > *méxiy* ‚Lebensunterhalt.'

108 Chirek vor *ḵ*: (*niḵpε*) ‚Fallsüchtiger' – **nixpe* > *néxpy* ‚Fallsucht.'

109 Chirek vor *r* + Konsonant: (*birjâ*) ‚Geschöpf' – **biria* > *bériy* ‚geschickter, tüchtiger Mensch.'

110 Hirek vor Konsonant + *r*: (*miḏrâš*) – *midraŝ* > *médryś* ‚Midrasch.'

111 Kames Chatuf vor *r* (in der Äi-Mundart): (*mĕṭōrâf*), ‚verstört' – **meturaf* > *mytéryf* ‚verrückt.'

112 Kames Chatuf oder Shurek/Kibbus vor *r* (wie in Nr. 111): (*ḥorbân/ḥurbân*) – **xurban* > *xérbm* ‚Zerstörung.'

113 Schurek/Kibbus vor *ḥ* + Chatef (wie in Nr. 111): (*rūḥămijûṯ*) – **ruxnius* > *réxniys* ‚Geistigkeit.'

114 Kames Chatuf vor *ḥ* (wie in Nr. 111): (*moḥŏzâḳ*) – **muxzak* > *méxzyk* ‚angenommen, vorausgesetzt.'

115 Mhd. ë vor Doppelkonsonanz: *hëlfant* > *hélfand* ‚Elefant.'

116 Mhd. ë vor langem Konsonanten, einschließlich *ch*: *mëȥȥen* > *méstn* ‚mesten', *stëchen* > *śtéxn* ‚stechen.'

117 Mhd. ė vor Doppelkonsonanz: mėnsche > ménć ‚Mensch.'

118 Mhd. ė vor langem Konsonanten, einschließlich *ch* und *sch*: *ėllende* ‚fremd, elend' > *ėlnt* ‚einsam', ‚*bėcher* > *béxer* ‚Becher,' *wėsche* > *véś* ‚Wäsche.'

119 In gewissen Wörtern: *jèner* > *iéner* ‚jener,' *rēden* > *rédn* ‚reden' (gegen Nr. 203)

120 Mhd. *ä* vor Doppelkonsonanz: *nähte* > *néxt* ‚Nächte.'

121 Mhd. *ä* vor langem Konsonanten: *blätter* > *bléter* ‚Blätter.'

122 Mhd. *æ* vor Doppelkonsonanz: *sælde* ‚Güte, Glück' > *zéldy* (jüdischer Frauenname).

123 Mhd. *ö* vor Doppelkonsonanz: *wörtelin, wörtel* ‚Wörtchen' > *vértl* ‚Ausspruch, Sprichwort.'

124 Mhd. *ö* vor langem Konsonanten (einschließlich *ch*): *abgötter* > *upgéter* 'Götzen,' *löcher* > *léxer* ‚Löcher.'

125 Mhd. *œ* vor *h(ch): hœher* > *héxer* ‚höher.'

126 Mhd. *i* vor *h(ch)* + Konsonant: *gewichte* ‚Gewicht' > *gyvéxt* ‚Gewicht' (das Ding).

127 Mhd. *i* vor *ch: sicher* > *zéxer* ‚sicher.'

128 Mhd. *i* vor *ch:* Konsonant: *gedîhte* (Adv.) ‚häufig,' *gedîhteclîche* (Adv.) ‚dicht, häufig' > *gydéxt* (Adj.) ‚dicht.'

129 Mhd. *ie* vor *ch* + Konsonant: *lieht* > *léxt* ‚Licht; Kerze.'

130 Mhd. *i* vor *r* + Konsonant: *zirkel* > *cérkl* ‚Zirkel.'

131 Mhd. *ie* vor *r* + Konsonant: *viertel* > *fértl* ‚Viertel.'

132 Mhd. *ü* vor *ch* + Konsonant: *zühtec* ‚wohlgezogen, gesittet' > *céxtik* ‚rein' (von Sachen).

133 Mhd. *ü* vor *ch: küche* > *kéx* ‚Küche'.

134 Mhd. *ü* vor *r* + Konsonant: *gewürze* > *gyvérc* ‚Gewürz.'

135 Mhd. *u* vor *r* + Konsonant: *kurz* > *kérc* ‚kurz.'

136 Sl. *e: bekiesza* /bɛkjɛ́ša/, ‚Pelzmantel' > *békyśy* ‚jüdischer Kaftan.'

137 Sl. *e: brzeg* /bžɛg/ < (brɛg) > *brég* ‚Ufer, Strand.'

138 Sl. *i/y* vor *r: syrop* > *séryp* (wie in Nr. 111) ‚Syrup.'

139 Sl. *u* vor *r* (wie in Nr. 111): *burak* > *béryk* ‚rote Rübe.'

140 Sl. *u* vor *r* (wie in Nr. 111): *turma* > *térmy* ‚Gefängnis.'

VIII. /ī/

/ī/ entspricht den folgenden Phonemen der Quellen:

141 Chirek in geschlossener Silbe: (*śimḥâ*) – **simxa* > *simxy* ‚Freude; festliche Veranstaltung.'

142 Langes Chirek in geschlossener Silbe: (*dîn*) – **din* > *din* (jüdisches) Gesetz.

143 Chirek vor langem Konsonanten: (*tĕp̄illâ*) – **tĕfila* > *tfily* ‚Gebet.'

144 Mhd *i* in geschlossener Silbe: *mit* > *mit* ‚mit,' *ligen* > *lign* ‚liegen.'

145 Mhd. *i* vor langem Konsonanten: *billîche* ‚gemäß' > *bilexer* ‚wichtiger.'

146 Mhd. *ie* in geschlossener Silbe: *ietlich* > *itlex* ‚jeder,' *ieze* > *ict* ‚*jetzt.*'

147 Sl. i/y in geschlossener Silbe: *byk* > *bik* ‚Stier.'

148 Sl. *i/y* in offener Silbe: (grzywa >) **griwa* > *grivy* ‚Mähne.'

149 Mhd. *ü* in geschlossener Silbe: *wünschen* > *vinćn* ‚wünschen.'

150 Mhd. *ü* in offener Silbe: *lügene* > *lign/lignt* ‚Lüge.'

151 Melopum in geschlossener Silbe: (*mum*) – **mum* > *mjm* ‚Gebrechen.'

152 Schurek (aber als Melopum geschrieben) in geschlossener Silbe: (*mumḥê*) – **mumxe* > *mjmxy* ‚Fachmann.'

153 Schurek (aber als Melopum geschrieben) in geschlossener, im Jiddischen geöffneter Silbe: (*tum'â*) – **tuma* > *timy* ‚Unreinheit' (in übertragenem Sinn).

154 Schurek (aber als Melopun geschrieben) vor langem Konsonanten: (*mĕšuggâ'*) – *mĕśuga* > *myśjgy* ‚wahnsinnig.'

155 Mhd. *u* in geschlossener Silbe: *hunt(d)* > *hjnt(t)* ‚Hund.'

156 Mhd. *u* vor langem Konsonanten: *sunne* > *zjn* ‚Sonne.'

157 Mhd. *uo* in gewissen Fällen: *bluot* > *bljt* ‚Blut', *guot* > *gjt* ‚gut,' *muoz̧* > *mjz* ‚muss.'

158 Sl. *u* in geschlossener Silbe: *słup* > *sljp* ‚Pfahl.'

159 Sl. *u* in offener Silbe: *struna* > *strjny* ‚Saite.'

IX. /i:/

/i:/ entspricht den folgenden Phonemen der Quellen:

160 Chirek in offener Silbe: (*šĕḳi'â*) – **śeki'a* > *śkiiy* ‚Sonnenuntergang.'

161 Mhd. *ie* in offener Silbe: *hie* > *hii* ‚hier' (in dieser Stadt/Dorf).

162 Mhd. *ie* in geschlossener Silbe: *liet(d)* > *liid* ‚Lied.'

163 Mhd. *üe* in offener Silbe: *brüeder* > *briider* ‚Brüder.'

164 Mhd. *üe* in einfach geschlossener Stammsilbe: *vüel/e* > *fiil* ‚fühle.'

165 Mhd. *ü* vor *r: vür-* > *fiier zugn* ‚vorsagen'

166 Melopum in offener Silbe: (*tĕḇū'â*) – **tĕvu'a* > *tvjjy* ‚Getreide.'

167 Mhd. *uo* in offener Silbe: *kuo* > *kjj* ‚Kuh.'

168 Mhd. *uo* in geschlossener Silbe: *huon* > *hjjn* ‚Henne.'

169 Mhd. *u/uo* vor *r: snur/snuor* > *śnjjer* ‚Schwiegertochter.'

170 Mhd. *a* in *gâch, gæhe* > *giiex* ‚schnell,' *wâ* > *vjj* ‚wo.'

171 In einem Teil der Äi-Mundart: Das Phonem /ɛi/ (siehe Abschnitt XIV): (*bɛḡɛḏ*) – **beged* > *biigyd* usw.

X. /ə,ɨ/

Die Zentralvokale entsprechen den folgenden Tatsachen der Quellen:

172 Schwa in dritt- oder vorletzten Silbe, nach *b* (außer *bl, br,* oft *bs* > *ps, g* (außer *gl. gr*), *j, k, ḵ* (außer *kl, ḵl, kr, ḵr*), *l, m, n, r:* (*nĕšāmâ*) – **nĕśama* > *nyšumy* ‚Seele,' (*lĕsôp̄*) – **lĕsof* > *lysof* ‚schließlich', (*nĕḥāmâ*) – **nĕxama* > *nĕxumy* ‚Trost'. –

173 Alle sem. Vokale in der Endsilbe (außer wenn sie die jidd. Tonsilbe ist): (_dōrôṯ_) – _*doros_ > _doirys_ ‚Generationen,' (_bārûḵ_ ‚blessed') – _*barux_ > _buurex_ ‚Baruch,' (_ḫolê_) – _*xole_ > _xoily_ ‚Kranker,' (_ḫajjâ_) – _*xaia_ > _xáiy/xaay_ ‚Tier.'

174 Alle sem. Vokale in zwei Endsilben (_baḫūrîm_) – _*baxurim_ > _buxerym_ ‚Jugendliche, Unverheiratete' (männlich).

175 Pattach furtivum: (_rêaḫ_) – _*reax_ > _raiex_ ‚Geruch.'

Swarabhakti-vokale haben sich an Stellen entwickelt, an denen sie in den Quellen nicht existierten:

176 Mhd. Vokal oder Diphthong in unbetonter Silbe, sogar wenn sie ursprünglich ein selbständiges Wort war: _gerëht_ ‚rectus, directus' > _zaan geréxt_ ‚Recht haben,' _miuler_ ‚Mäuler, Münder' > _maaler_ ‚Münder,' _kommen_ > _kjmyn_ ‚kommen,' _jüdinne_ > _iîdyny_ ‚Jüdin,' _wîhrouch, wîrouch_ > _vaarex_ ‚Weihrauch.'

Sproßvokale haben sich an Stellen entwickelt, an denen sie in den Quellen nicht existierten:

177 Zwischen Chirek und _ḫ:_ (_nīḫâ_) ‚recht/lieb' – _*nixa_ > _zaan niiexy_ ‚lieb/recht sein.'

178 Zwischen Chirek und _ḵ:_ (_taḵrīḵîm_) – _*taxrixim_ > _taxriiexym_ ‚Leichengewand.'

179 Zwischen Schurek und _ḫ:_ (_mĕnūḫâ_) – _*mĕnuxa_ > _mynjjexy_ ‚Ruhe.'

180 Zwischen Schurek und _ḵ:_ (_dūḵân_) ‚die Estrade der Kohanim im Tempel' – _*duxan_ > _djjxynyn_ ‚den Kohensegen erteilen.'

181 Zwischen Chirek und _r:_ (_gĕḇîr_) ‚Herr' – _*gvir_ (Bedeutung ?) > _gviier_ ‚reicher Mann.'

182 Zwischen mhd. Diphthong und _r: fiur_ > _faaer, fáier_ ‚Feuer.'

183 Zwischen mhd. Diphthong und _ch: rouch_ > _roiex_ ‚Rauch.'

184 Zwischen mhd. _û_ und _ch: bûch_ > _bouex_ ‚Bauch.'

185 Zwischen mhd. _r_ und _g: marc(g)_ > _marex_ ‚Mark.'

186 Zwischen mhd. _l_ und _ch: milch_ > _milex_ ‚Milch.'

187 Zwischen mhd. *l* und *f* in *eilf, zwėlf* > *ėlyf, cvėlyf* ‚elf, zwölf.‘ (Wohl nicht < mhd. *eilif.*)

188 Zwischen mhd. *a* und Konsonant, bei starkem ton: *wa* > vuuys (< vuus < vus)

189 Die Tatsache, daß das Schwa im Jiddischen in ganz anderen Fällen lautbar ist als es die Regeln der hebräischen Schulgrammatik verlangen, scheint darauf hinzuweisen, daß es sich hier nicht um eine Fortsetzung der früheren Form, sondern um einen jiddichen Sproßvokal handelt. Er erscheint im allgemeinen nach *b, g, j, k, l, m, n, p, r:* (*bĕhēmâ*) ‚Rind, Tier‘ – **behema* > *byhaimy* ‚Rind; herabsetzende Bezeichnung für Menschen; (*lĕšōnôṯ*) – **lĕśonos* > *lyśoinys* ‚Sprachen.‘ Doch erscheint er nicht in *bl, bn, br, bs* > *ps, kl, km, kn, kr, ks, kŝ, kt, pl. pn, pr, ps, pś, sc, xl, xn, xs, xś.* Aus dem oben Gesagten würde folgen, daß in den Fällen, in denen das Schwa im Jiddischen nicht lautbar ist, wir es mit dem ursprünglichen Zustand und nicht mit Vokalausfall zu tun haben. Die häufigsten Fälle sind *bl, bn, br, bs* > *ps, cd, cl, cm, cn, dr, dv, gv, kf, kl, km, kn, kr, ks kś, kt, pl, pn, ps, ps, sd, sf, sg, sk, sl, sm, sn, st, sx, sl, sm, st, sv, sx, tf, tl, tv, tx, xc, zm, sx:* (*kĕṯaḇ*) – **ksav* > *ksav* ‚Schrift, Schriftstück,‘ (*sĕḏôm*) – **sdom* > *sdom* ‚*Sodom.*‘

XI. /ɔU/

190 /ɔu/ entspricht mhd. *û: lûter* > *louter* ‚klar, lauter.‘

XII. /ɔi/

/ɔi/ entspricht den folgenden Phonemen der Quellen:

191 Cholem in offener Silbe: (*mōrâ*) – **mora* > *moiry* ‚Furcht.‘

192 Kames in gewissen Fällen: (*hap̄ṭārâ*) – *haftara* > *haftoiry* ‚Haftara.‘

193 Mhd. *ô: strô* > *śtroi* ‚Stroh,' *nôt* > *noit* ‚Not.'

194 Mhd. *o* in offener oder einfach geschlossener Stammsilbe: *kol* > *koil* ‚Kohle,' *bodem* ‚Boden' > *boidym* ‚Dachboden,' *obeȝ* > *oips* ‚Obst.'

195 Mhd. *â* in *bâbes* > *poips* ‚Papst.'

196 Mhd. *a* in *gewar* > *gyvoier/gyvuuer* ‚gewahr.'

197 Mhd. *ou: loufen* > *loifn* ‚laufen.'

198 Sl. *o: tchórz/txuš/*(< *tchōr*) > *txoier* ‚Iltis.'

XIII. /ai/

/Ai/ entspricht den folgenden Phonemen der Quellen:

199 Sere in offener Silbe: (*šēdîm*) — **śedim* > *śaidym* ‚Dämonen.'

200 Sego in offener Silbe: (*pεsah*) — **pesax* > *paisex* ‚Passah.'

201 Schwa in der ersten Silbe eines Zweisilblers: (*pěrî*) — **peri* > *pairy* ‚Frucht'

202 Mhd. *ê: êwic(g)* > *aibik* ‚ewig.'

203 Mhd. *ė* in einfach geschlossener Stammsilbe: *hėve* > *haivn* ‚Hefe.'

204 Mhd. *æ* in offener Stammsilbe: *næn* > *naiyn* ‚nähen.'

205 Mhd. *æ* in einfach geschlossener Stammsilbe: *unvlætic* > *jmflaitik* ‚schmutzig.'

206 Mhd. *œ* in einfach geschlossener Stammsilbe: *stœȝel* ‚Werkzeug zum Stoßen' > *śtaisl* ‚Stössel.'

207 Mhd. *ei: spreiten* > *śpraitn* ‚spreiten.'

208 Mhd. *öu: gelöuben* > *glaibm* ‚glauben.'

209 Sl. *e: plecy* > *plaicy* ‚Schulter.'

XIV. /ɛi/

/ɛi/ entspricht den folgenden Phonemen der Quellen:

210 Segôl in offener Silbe: (*bεgεḏ*) — **beged* > *béigyd* ‚Gewand.'

211 Mhd. *æ* in *æ* in *ætemen* > *éitymyn* ‚atmen‘
212 Mhd. *æ* vor *r: mære* ‚Erzählung, Nachricht‘ > *méier* ‚Nachricht.‘
213 Mhd. *œ* vor *r: gehœren* ‚gehören‘ > *kéiern* ‚sollen, müssen.‘
214 Mhd. *ê* vor *r: mêr* > *méier* ‚mehr.‘
215 Mhd. *é* vor *r: swèrn* > *śvéiern* ‚schwören.‘
216 Mhd. *ä* in einfach geschlossener Stammsilbe: *sich schämen* > *śéimyn zex* ‚sich schämen.‘
217 Mhd. *ë* in einfach geschlossenr Stammsilbe: *vrëgen* > *fréign* ‚fragen.‘
218 Mhd. *ë* in gewissen doppelt geschlossenen Stammsilben: *mëste* > *méistl* (ein Hohlmass).
219 Mhd. *ë* vor *r* + Konsonant: *përle* > *péierl* ‚Perle.‘
220 Mhd. *ö* in einfach geschlossener Stammsilbe: *mögen* ‚mögen‘ > *méign* ‚erlaubt sein.‘
221 Mhd. *i* vor *r* + Konsonant: *stirne* > *śtéiern* ‚Stirne.‘
222 Mhd. *ie* in *ieman* > *éimyc* ‚jemand.‘
223 Sl. *a* in *Halicz* > *héilić* ‚Halicz‘ (Stadtname, Quelle des Namens ‚Galizien‘).

Der Vokalismus des Nordjiddischen

Während die obige Liste vierzehn Phoneme verzeichnet, besitzt der O-Dialekt bloß neun. Die Ursache dieser Verarmung liegt im Verlust der Vokallänge als phonemischen Faktors: die Längen sind überall durch die Kürzen verdrängt worden. Außerdem sind die Phoneme in zwei zusammengefallen: XII = XIII, VII = XIV), während es im Südjiddischen nur einen Zusammenfall gab (VIII/IX).

Die Nummern der folgenden Tabelle verweisen auf die Nummern der obigen Liste, die dem betreffenden Phonem des Nordjiddischen entsprechen.

/u/ 11, 48, 49, 111–114, 135, 139, 140, 151–159, 166–169, 179, 180.

/ɔ/ 1–10, 12–22, 24–28, 32–40, 42–44, 46, 47, 50, 52–54.

/a/ 41, 45, 55–71, 76–82, 87, 89, 95–99, 101.

/ɛ/103–106, 109, 110, 115–118, 119 (jener), 120–125, 136, 137, 210, 213–221.

/ĕ/ 172–176, 182, 189.

/i/ 190, regional /ui/.

/ai/ 83–86, 88, 91–94, 100, 102, 182.

/ei/ (Nicht /ɛi/.) 191–195, 197, 198, 199, 201–209.

* Die erste Fassung der vorliegenden Studie erschien unter dem Titel *Übersicht über den jiddischen Vokalismus* in der Zeitschrift für deutsche Mundarten, Band 18, S. 122–130, 1923.

VIII
Textproben aus acht Jahrhunderten

Die folgenden Texte sollen nur ein paar flüchtige Bilder aus verschiedenen Perioden und Regionen des Jiddischen geben. Sie sollen und können nicht die Entwicklung der Sprache ausreichend illustrieren. Dazu wäre ein umfangreiches Werk notwendig. Und ein solches könnte heute noch gar nicht geschrieben werden. Jahre oder Jahrzehnte eingehender Forschung haben einer solchen Zusammenfassung vorauszugehen. Und selbst dann könnten wir, was die Lautgeschichte anlangt, unserer Sache oft nicht sicher sein. Einer der Gründe dafür ist natürlich, daß das uns zur Verfügung stehende Material im Vergleich mit der großen geographischen Ausdehnung im Raum und der Länge in der Zeit nur gering ist. Absolut genommen ist es jedoch nicht allzuwenig. Aber die Philologen und Linguisten haben es so gut wie nicht berührt. Die Sammlung der alten Texte, ihre Erforschung, Bearbeitung und Veröffentlichung – all das harrt noch der Zukunft.

Fast alle Texte auf den folgenden Seiten stellen die geschriebene Sprache dar. Wenn wir aber transkribieren wollen, müssen wir wissen, wie die Verfasser das aussprachen, was sie schrieben. Von der Orthographie der frühen Texte haben wir in dieser Hinsicht nicht viel Hilfe. Der hier zur Verfügung stehende Raum reicht nicht hin, auseinanderzusetzen, wie und warum ich mich für eine bestimmte Umschrift entschieden habe: jeder

Text würde einen langen Artikel erfordern. Da wir keine Einzelforschungen über die verschiedenen Perioden und Regionen haben,kann ich nicht hoffen, mehr als eine sehr, sehr unzureichende Annäherung an die lautlichen Tatsachen erreicht zu haben. Meine Texte dürfen darum nicht als Material für phonologische Untersuchungen des älteren Jiddischen benutzt werden. – Für die modernen ostj. Texte habe ich die sonst im Buch gebrauchte Umschrift benutzt.

Die Originale aus vormoderner Zeit weisen keine – oder fast keine – Interpunktion auf. Ich habe der besseren Verständlichkeit halber die notwendigen Zeichen eingefügt.

Westjiddisch

Deutschland und die Lombardei

1 *Ungefähr dreizehntes Jahrhundert. Zwei Episoden aus dem epischen Gedicht* Avroohom oovinu *(‚Unser Vater Abraham'), das von dem Kampfe des Kindes Abraham gegen das Heidentum handelt. (Nach einer ultravioletten Photographie der Cambridger Handschrift T.-S. 10 K 20, Fol. 12r–13r und 15v–16r.)*[1]

a) Abraham wird von seinem Vater, dem Götzenbildner, mit einem Sackvoll Götzen auf den Markt geschickt.

[1] *Ein Faksimile der ganzen Handschrift ist von L. Fuks in seinem* The Oldest Known Literary Document of Yiddish Literature, *Leiden 1957, herausgegeben worden. Es beruht auf einer gewöhnlichen Photographie und ist im gewöhnlichen Illustrationsverfahren gedruckt. Vgl. meine Besprechung in* Bibliotheca Orientalis, *Jg. 16, S. 49–52, 1957,*

(A) ér vaṣte zi vil ébene,
ér koorte ziine vérṣen
ér warf dén zak cume rükken,
ér began die apgote

ér maxte zix hin vür,
cu ziineṣ vater tür,
ér maxte zix cu dén vélden,
zẹẹre šélden'

(B) ér ṣpr[ax]: „vor wooṣen apgote,
ir habet vil gar cu riten
wil mir dér woorhaftige g[ot]
ix wil üüwern gelouben

vor wooṣen müüṣetir ziin,
dén armen rükken miin.
ziine hülfe zẹnden
gar vor ṣwẹnden."

(C) ér cọọgete hin cu markte,
dér laṣt waṣ ime cu ṣwẹẹre,
ér kam cu aime waṣṣer,
trouwen, gedooxte ér,

dér wék duuxte in cu lank,
dér liip was ime cu krank.
brait un[de] ṣtrẹnge
hî hẹbet zix ain grọọṣ geṣprẹnge.

(D) ér warf den zak cu dér érden,
ér ṣpr[ax]: „hööretirṣ, ir gote,
nu traget mix hin über,
entût irṣ nixt,

er begunde gar zẹẹre vor cagen,
ich haan üüx ḥér getragen,
déṣ habetir ümer ẹẹre,
üüwer laṣter berait ix ümer mẹẹre.

(E) trüge ix üüx hin über,
iox hoot daṣ waṣṣer hin gevürt
nu traget mix hin über;
entût irṣ nixt,

zo tẹẹte ix alze ain gék.
brükke un[de] ṣték
deṣ mogetir wol genîṣen;
ix looṣüüx zélwer vlîṣen."

und meinen Aufsatz Old Yiddish or Middle High German *in* The Journal of Jewish Studies, *Band 12, S. 19–31. Die meisten Arbeiten, die sich mit der Handschrift oder der Ausgabe befassen, behandeln nur den* Herzog Horand. *Diesem ist die folgende Ausgabe gewidmet:* Dukus Horant, herausgegeben von P. F. Ganz, F. Norman, W. Schwarz, mit einem [paläographischen] Exkurs von S. A. Birnbaum, *Tübingen 1964. (Bibliographie auf S. XII–XIII.)*

(F) waṣ ér in cuu geṣpr[ax], zi ṣwigen alze ain daxṣ.
ér vor gilbete vor corne alze ain gewunden waxs.
ér warf dén zak cu dér érden mit haṣṣen un[t] mit grimmen,
ér śütte zi uuṣ un[de] lîs zi hine ṣwimmen.

(G) er spr[ax]: „watet hin über, loot üüx nixt ziin goox,
zûxet mir den vurt, vor ix wate üüx aleṣ noox;
komet ir hin über, zô śoltir miin doo baiten
entût irṣ nixt, üüwer laṣter wil ix beraiten."

(H) zi koorten uuf di cinken, zi vluṣen hin cu tal
ér śrai in noox vil luute · daṣ eṣ vil vérre erśal:
„kẹẹret wider, kẹẹret ir habet üüx vor géṣṣen.
ir habet dén réxten vurt nixt wol geméṣṣen."

(J) waṣ ér in noox gerîf, daṣ waṣ in alze ain wixt,
zi vluṣen hin un[t] koorten zix an ziine rẹde nixt,
ér korte in ôx dén rükken un[t] was ime gar uméére[2]
ér kam cu ziineṣ vaterṣ huuṣ vil léére.

b) Abraham im Feuerofen König Nimrods

(A) doo ṣpr[ax] eṣ zix nimrod, dér doo gewaldik waṣ:
„zage, vil zinnen lôzeṣ kint, wér hoot dir gerooten daṣ,
daṣ du dize gote hooṣt vor brant oone śulden?
déṣ mûṣtu, kint, di zélbe véme dulden."

[2] ? umméére, ? unméére

(B) „ioo wooren eş nixt gote,“ şpr[ax] daş kint cu hant,
„(zô) maxte zi miin vater mit ziin zélbeş hant.
di gote, dî miin vater maxen kan, dér haan ix lüccel axte –
dér işt g[ot], dér miinen vater maxte.

(C) dér g[ot], der doo geśûf di wiite wérelt al,
baide loup un[de] graş, bérk un[de] tal,
an ziime gelouben wil ix lében un[t] ştérben.
ix getrouwe ime wol, er lęęt mix nixt vor dérben.“

(D) doo şpr[ax] eş zix nimrod: „den g[ot] du hooşt erkant,
mak dix dér gelôzen von unzer aller hant,
daş du mûşt genézen vor dizeme ştarken vüüre,
zô wil ix diinen gelouben koufen tüüre.

(E) gesûx bant wart daş vil klaine kindlin,
zi maxten ainen oven haiş un[t] wurfen éş dar in;
eş lak alze ain knouweliin cu zamene gewunden,
bii blik aineş ougen, zô wart eş enpunden.

(F) doo gink dér hailige mixooę[l] vor unzeren lîben tréxtin ştaan
er şpr[ax]: „vil lîber hérre g[ot], nu looş mix dare gaan.
ix kan in wol erlôzen un[de] dî vor bürnen,
dî dix aller téglix ercürnen.

(G) doo şpr[ax] dér hailige gavrię[l]: „vil lîber hérre miin,
nu looş mix dare gaan ix wil diin bote ziin
ix kan den glüienden oven harte wol erkûlen,
daş diin vrünt[3] dér hicce nixt wirt vûlen.

(H) doo ṣpr[ax] unzer lîber tréxtin: „ioo hoot ér mix erkant,
ix wil in erlôzen mit miin zélbeṣ hant,
ix wil kainen boten an miine ṣtat dare zęnden,
zélber wil ix ziine tat vol ęnden.

(J) déme lîben, trouwen kinde di g[oteṣ] ęęre erśain.
dér oven luuxte inen alze ain karvunkel ṣtain.
di bręnd[e] un[de] di hicce begunden her vüre dringen,
di haidenśaft mûṣte alle [von] dannen ṣpringen.

(K) doo ṣpr[ax] unzer lîber tréxtin déme carten kinde cû:
„ix haan dix erlôzet, miin haiṣe śoltu tû,
du śolt miineṣ willen warten un[de] roomen,
zô ṣterke ix dix un[t] męęre diinen zoomen.

(L) déme kinde wart geuffnet des zélben ovenṣ tür,
éṣ ṣtunt uuf vil liize un[t] maxte zix hin vür.
ime luuxten ziine ougen alze der lixte morgen śtérne.
daṣ zax der arme bildenéére vil gérne.

2 *Erstes Viertel des fünfzehnten Jahrhunderts. Simlin* (Zimlin) *aus Ulm gibt vor einem (jüdischen) Gerichtshof eine öffentliche Entschuldigung ab. (Aus den Responsen Jakob Weils, Nr. 147; Venedig 1549, Fol. 60 v.)*

Höört cuu, rabôsai, ix hoon mysiirys gytoon, ix hoon gy-

[3] *die Hs. hat hier das sinnlose* b̲u̯rnt, *offenbar ein Irrtum für* u̯ru̯nt = vrüünt. *Das wäre in Übereinstimmung mit der traditionellen Bezeichnung Abrahams als „Freund Gottes"; vgl. in der täglichen Morgenliturgie: „wir – die Kinder Abrahams, deines liebenden Freundes." (Der Islam hat diese Bezeichnung übernommen, er spricht von Abraham als dem „Freund" oder dem „Freund Allahs".)*

broxn di haskoomys, di di raboonym hoon gymaxt, doo ix uuf gyxasmyt bin, ix hoon aax pọgẹẹy vynogẹẹy gyvẹẹzyn oon koovyd miśpooxy śel mhr zẹẹlikman. ix hoon aax mhr zẹẹlikman oon zain koovyd gyrẹẹt, doos ix hoon gyśproxyn, er zai nit aan raav, aan kind kön mẹẹ vẹn ér. doo mit hoon ix aax den raboonym übyl gyrẹẹt, di mhr zẹẹlikman gysamxyt hoot cu raav. ix hoon aax mhr zẹẹlikman mẹẹ übyl gyrẹẹt, un aax kaal, ix hoon aax den daioonym un aan taal ẹẹdym übyl gyrẹẹt. xootoosi, ooviisi, poośaiti/poośaati. ix bit den bôry iisboorex, doos er mirs môxyl zai, un di raboonym, di mhr zẹẹlikman gysamxyt hoot, un aax mhr zẹẹlikman un aax kaal un aax di ẹẹdym un aax di daioonym, ix bit zi al mexiily.

3 *Erste Hälfte des fünfzehnten Jahrhunderts (nach meiner paläographischen Bestimmung). Bibelübersetzung: Glossentypus; Exodus 19, 21 – 20, 18. Es ist fast ausgeschlossen, daß solche Übersetzungen „Originale“ sind, d. h. selbständige Niederschriften der traditionellen Übertragung, wie sie in der Schule gelehrt wird. Es handelt sich um eine Abschrift. Doch bleibt noch ein Spielraum für allmähliche Anpassung an die Sprache der jeweiligen Gegenwart und für individuelle Auswahl aus verschiedenen Traditionen. (British Museum, Add. MS. 18694, fol. 78.)*

(21) Un[t] er zẹ́it / got / cu mọọśy: / nider / forvẹr / am folk / léixt / zi cubréxyn / cu got / cu zéhyn / un[t] és virt falyn / fon im / fiil / (22) un[t] aax / di hẹryn / di doo gynééhyn / cu got / zi zolyn zix byraaityn / léixt / er virt cubréxyn / an zi / got / (23) un[t] er zéit / mọọśy / cu got / nit és tar / das folk / cu ouf gẹẹn / cu bérg / sinai / vén / du hoost forvẹryt / an unz / cu zagyn: / gymérk / dén bérg / un[t] du zolst byraaityn in / (24) un[t] er zéit / cu im / got / gẹẹ / nider /

un[t] du zolst ouf gẹẹn / du / un[t] aaryn / mit dir / un[t] di hẹryn / un[t] das folk / nit / zi zolyn cubréxyn / cu ouf gẹẹn / cu got / léixt / er virt cubréxyn / an zi / (25) un[t] ér nidert / mọọśe / cu dem folk / un[t] er zéit / cu zi / (1) un[t] er rẹẹdyt / got / al di rẹẹd / di diizyn / cu zagyn / (2) ix pin / got / déin got / das / ix hoon ous gycohyn dix / fon lant / micraiym / fon houz / doo ir vooryt knéxt / (3) nit / és zol zéin / cu dir / got / aain anderer / di véil ix nox pin / (4) nit / du zolst maxyn / cu dir / bild / un[t] kaainer laai / gléixniś / das / im himyl / fon ọọbyn / un[t] das / an der érdyn / fon untyn / un[t] das / im vaser / fon untyn / cu dér érdyn / (5) nit / du zolst néigyn [a] / cu zi / un[t] nit / du zolst diynyn zi / vén / ix pin / got / déin got·/ got / ist aain réxer / er gydénkyt / zünd / dér forderyn / ouf / di kinder / ouf / das drit gyburyt [b] / un[t] ouf das fierd gyburyt [b] / cu méin féindyn [c] / (6) un[t] er tuyt gynood / cu touzynt [d] / cu méin [e] fröündyn [f] / un[t] cu diy doo hüytyn / méin gybot. / (7) nit / du zolst śvẹryn / namyn / got / déinys got / cu falś / vén / nit / ér loosyt lẹẹdig / got / das / er śvẹryt / zéin namyn / cu [g] / um a(in) zunst / zéi gydénkyn / tag / dén śabys / cu haailigyn in /. (9) zẹxs / tég / du zolst érbaaityn / un[t] du zolst tuyn / al / déin vérk / (10) un[t] tag / dén zibyndyn / ruyunk / cu got / déinym got / nit / du zolst tuyn / kaainer laai / vérk / du / un[t] déin zun / un[t] déin toxter / un[t] déin knéxt / un[t] déin maaid / un[t] déin fix / un[t] déin ẹlynder / das / in déinym tor /. (11) vén / zẹxs / tég / er hoot byśafyn / got / dén himyl / un[t] di ért / das mẹr / un[t] alys / das / an zi / un[t] ér ruyt / am tag / dém zibyndyn / um das / ér hoot gybénśyt / got / tag / dén śabys / un[t] er hoot gyhaailigyt in / (12) ẹẹr / déin fater / un[t] dẹin muyter / derum / zi vérdyn derléngyt / déin tég / ouf / der érdyn / das / got / déin got / hoot gébyn cu dir /. (13) nit / du zolst mürdyn / nit / du zolst unköüśyn / nit / du zolst śtélyn / nit / du zolst bycöügyn / an déinym gyzẹlyn / gycöükniś / falś / (14) nit / du zolst glustyn (gylustyn, glüstyn, gylüstyn) / houz / déinys gyzẹlyn / nit / du zolst glustyn / *(s. oben)* / véip / déinys gyzẹlyn / un[t] zéin knéxt / un[t] zéin maait / un[t] zéin oxs / un[t] zéin ẹzyl / un[t] alys / das / cu déinym gyzẹlyn / (15) un[t] al / das folk / zi zoohyn / di śtim / un[t] di prént / un[t] śtim / dés śọọfer / un[t] der bérg / raauxyt / un[t] és zax / das folk / un[t] zi forvagyltyn / un[t] zi śtuyndyn / fon féryn.

Die Varianten in Deut. 5:

a) dix naigyn	*b) gyburt*	*c) haseryn*	*d) touzyntyn*
e) zéin	*f) fröüntyn*	*g) fals* fehlt	

4 *Fünfzehntes Jahrhundert. Aus einem zehnstrophigen Sabbathgedicht des Benjamin (aus Zürich?). Das Datum der Handschrift ist 1574, unser Gedicht folgt auf das Ende des Textes. Es ist, wie meine Untersuchung der Schrift ergab, wohl nicht viel später niedergeschrieben worden. Vgl. meine Veröffentlichung des Gedichtes:* Cvai alt-iîdiśy liider, in Iivu-Bléter, *Bd. 13, S. 172–177, 1938. (Hs. Hamburg, Hebr. 238, Fol. 111–112.)*

I got der hér hoot gyhaailigyt, gyẹẹrt
den śabys for alyn tagyn.
an [1] im ruyt er un[dy] téét nit méér,
for voor ix öüx das zagyn,[2]
féieryt mit gybét un[dy] vézyt śtéét,
ir frünt un[dy] ôx ir magyn.
got der gybot den śabys hẹẹr,
door zi cu moory lagyn.
éi, zéks tagyn byśuyf got himyl un[dy]érd,[3]
am zübyndyn ruyt got der vérd.

[1]*Hs.:* oon [2]*Hs.:* zagy [3]*Hs.:* érdy?

II cvai malooxym byśofyn zint,[4]
dii den śabys goor ęęrlix antfangyn,
un[dy] vér den śabys in der céit bygint,[5]
ęę di zun ist unter gangyn –
der malex śprixt: gybénśt zéistu, kind,
nun loos dir nit fer langyn,
ix vil nox héint béi dir zint,
vil zéyn, vi déin lixtlix hangyn.
éi, zéks etc.

IV am fréitag zölstu déin męęser[6] gébyn
haaimlix déin armyn fründyn,
zoo vert dir gygébyn das ęębigy lébyn,
is béser vider das (?) di houbyt zündyn.
hüyt dix for dem vider śtrébyn
undy for das[8] töötlix zündyn,
zọọ vérstu byhüyt for der hẹlyn péin
un[dy] for der[9] apy gründy[10].
éi, zéks etc.

V am śabys zölyn zéin dréi ésyn berait,
az uns die véizyn lééryn.
uuf dem tiś zölyn vézyn gymait,
zmiirys zagyn zęęryn.
fer gést trourikait un[dy] al das lait,
das günt[11] öüx got der héry[12],

[4] *Hs.:* zéin [5] *Hs.:* bygint in der çait [6] *d. h. ma'ăser; vgl. Beranek, Sprachatlas, Karten 10, 11, 14, 15.* [7] *Hs.:* héibyt/ haibyt [8] dén? [9] dem? ir? [10] ap gründy? ab gründy? aby gründy? [11] *Hs.:* gint [12] hééry? *Verf.:* hẹry? hẹẹry?

ir zölt an[13] tuyn ain guytys klait,
dem haailigyn śabys cu ęęryn.
éi, zéks etc.

X der uns das zmiirys nuu[14] gyzank,
dér is uns alyn un bykant.
er is fon cérxys ous der śtat,
binioomin is er gynant'
er zang uns das un[dy] nox fil méér,
nun byhüyt uns got for aler not
un[dy] fer léi uns zéin mildy hant.
zọọ bityn vir in[15] das es uns vol goot.
éi, zéks etc.

[13] *Hs.:* oon [14] *Hs.:* nüü [15] *Hs.:* ir

5 *1478. Der älteste uns bekannte genau datierbare jiddische Brief. Er war an eine Verwandte* (fröündin) *gerichtet, die unter der Anschuldigung, eine Hostie gekauft, gemartert und verkauft zu haben, im Gefängnis zu Regensburg saß. (Nach einer Photographie des Dokumentes: München, Bayerisches Hauptstaatsarchiv, Gemeiners Nachlaß, k. 12/1.) Vgl. meine Veröffentlichungen in* a) Bais-Iaankyv, *Nr. 71 (1931), S. 18;* b) Iîdiś London, *Nr. 2 (1939), S. 106–109 (in der Umschrift wurden die diakritischen Zeichen vom Drucker ausgelassen);* c) Raphael Straus, Urkunden und Aktenstücke zur Geschichte der Juden in Regensburg 1453–1738, *hrsg. von der Bayerischen Akademie der Wissenschaften, S. 456, Nr. 502, München 1960.*

Liyby fröündin, du liyby krọọn, ix kasvyn di[r] fil, du entv[erst] mir nixcit. ob du nit kasvyn kanst ọon di inuiym?

ix vér morgyn mit dem iiryn rẹdyn, ob ix déin zax könt cu guyt ous maxyn. śik di houb vider herous. haais das lox dooheran fer maxyn. kox raain pulver in aainym apyl. hoost vol h ioomym. śréib guyt döüćś. naai éin.

6 *1514. Einige Strophen aus dem langen polemischen Gedicht* hamavdil *des Elia Levita, eines berühmten jüdischen Grammatikers der humanistischen Zeit („Vater der christlichen Hebraistik") und Übersetzers des* Buovo d'Antona *ins Jiddische. (Nach einer Photographie aus dem Oxforder MS. Can. Or. 12, fols. 205–206. – Das Gedicht wurde von N. Stif im ersten Band der* Caatśrift, *Minsk 1926, S. 150–158, veröffentlicht. Ein abweichender Text befindet sich in Cambridge: University Library: Trinity College MS. F. 12. 45:)*

1 hamavdil bẹẹn kọọdyś lexol,
cviŝyn mir ün hilyl, den nivzyn knol.
er ist aly biiberei zọọ fol
az fiil az di koxoovym balaily.

2 hilyl, dü hoost dix mit mir gytrẹct
ün hoost dix ouf mix gyzéct –
es vért zéin déin lẹct,
ẹẹ ous gẹẹt di laily.

4 [is] daz nit aain grọọser ioomer,
daz dü bist aain gooi goomer,
kaain tag oorstü nit biz boorex śéoomer.
az fer voor nit ouz léébyn di laily.

35 er hoot mit im dréi, fiir gooiym,
éityl baxüürym, bẹẹzy kanfooym,[1]

[1] *Italienisch* convoglo? *Der Kopist scheint zuerst* k(y)nafooym *geschrieben zu haben und dann vergessen, das a der zweiten Silbe zu tilgen, als er das Wort zu* kanfooym *verbesserte.*

di müst er bycalyn, azọọ hiiltyn iry tnooym
itlixyn for aain sxiir iom ün aain sxiir laily.

46 doo béi vil ixs loosyn bléibyn,
vi vol ixs lénger hét an cu tréibyn,
ober mix klékt nit, zolt ix alys śréibyn,
arbooym iom vyarbooym laily.

48 vén dü vist, vi diir déin réim an céémyn:
aain réim cu maxyn virstü dix śéémyn.
vilstü dix réim gẹẹgyn miir an néémyn?
lehavdyl bẹẹn iom übẹẹn laily.

50 ix ferhaais dir, ẹẹ doo ous gẹẹt aain xọọdyś,
ix vil aain ouf dix maxyn in lọọśyn hakọọdyś,
gymaxt noox dem miśkyl fon śéékyl hakọọdyś,
vyhogiiso bọọ iọọmom vylaily.

7 *1518. Klageschrift des Götz von Fiderholz, an die jüdische Gemeinde von Regensburg gerichtet, gegen seinen Stiefvater Man. (Nach einer Photographie des Dokumentes: München, Kreisarchiv, Generalregistratur Fasz. 1260. Der Originaltext und meine Umschrift ist abgedruckt in dem oben – Nr. 5 – angeführten Werke* Straus, Urkunden, *S. 457–460, Nr. 957; vgl. auch S. 340–341, Nr. 957.)*

Méncyl śamys,[1] ix tuy öüx das cu visyn un' kol[2] hakaal[2] cu zagyn den grọọsyn gyvalt un' das grọọs un réxt, das unz vaaizyn ist vider faryn in régynspurk fon unzerym śtiyf fater Man, dox rẹd ix für mix alaain. das ẹẹrśt, doo vir zéin gyzésyn cu altorf, doo ist méin fater zéélig ab gangyn mit tọọt, doo ist méin muyter zélig morgyn goob gyvést zẹxs hunder[t] guldyn. doo hoot zi gynumyn den Méndyl[3] fon régynspurk, un' hoot im for

[1] *Gemeindesekretär* [2] *,der ganzen Gemeinde'* [3] *Diminutiv von* Man

śproxyn un' gygébyn drit halb hunder[t] guldyn réiniś, das ander fierd halb hundert guldyn réiniś uns armyn un dercogyn vaaizyn cu haltyn cum bęstyn, un' zi gykaaft hoot das hous, doo der Man inyn zict, fon der gymaain iüdiś haait, das iyderman cu visyn is, doo zol er inyn zicyn, doo véil zi lébt, un' noox iirym tọọt doo zol das houz uns brüydern haaim gyfalyn. das hous hoot zi gykaaft un'[4] hundert guldyn réiniś, di drit halb hundert guldyn, di hoot er under zix gybrooxt mit foréter réi un' mit büyberéi, az dén aainer gancyn gymaain iüdiś haait vol cu visyn is. mẹẹr, habyn unzer foor münder gygébyn méinym śtiyf fater cvaai hunder[t] guldyn, gélt un' gélt vẹẹrt, al (adas)[5] das in éin hous gyhöört, as méin fater ist gyvést aain réix man, er zol uns haltyn un' ciyhyn dréi ioor lang, mit ésyn, mit drinkyn, mit klaaidern, mit lérnyn noox dem iüdiśyn ordyn. dér es nit gytoon hoot, das is éér gyvést, das ix nit mẹẹn bin béi im gyvést vén aain ioor. alzọọ hoot er zix alzọọ arm gymaxt, un' er zéi for dorbyn, un hoot méin army gyśvistrix gyhaltyn az aain foréter un' böözvixt, un' kaainerlaai hoot gyhalt[yn], vas er unz hoot cuy gyzagt, das aainer gancyn gymaain iüdiś haait cu visyn is. meer, kan mir armyn man nit vérdyn méin gylihyn gélt, das ix oft hab gyfodert, zélbs, un' gyśikt hab andert löüt an im, er méiner gyśpot hoot, un forlaaikt mir armyn man das méin. mẹẹr, is aainer gancyn gymaain iüdiś haait cu visyn, doo méin gyśvistrix ist béi im gyvést, doo hoot er zix alzọọ arm gymaxt un' hoot for zẹct di họọuzyn[6] fon baain um brọọt, ouf aaim śim[7], un' hoot aain gancy gymaain iüdiśhaait das iir for haltyn, das er uns for dribyn hoot ouz dem houz hunger halbyn. alzọọ bald az di dréi ioor ouz vooryn, doo téét er zix

[4] um? [5] *Verschreibung* [6] *Verschreibung statt* họọzyn? *Diphthongierung?* [7] *Verschreibung statt Doppeljod? Also mhd.* schîme, aber

her foor un' fand zix, das aainer gancyn iüdiś haait vol cu
visyn var, az guyt az zéxcẹhyn hundert guldyn. das hoot er
gyvunyn mit unzerym gélt alzọọ vol az mit zéinym gelt. nun
bin ix icunt am iün[g]styn gyvézyn cu régynspurk un' hab an
in gyśikt den ẹlctyn rẹby mit namyn r'[8] mẹẹier,[9] un' gyfodert
hab das méin gylihyn gélt, un' hab g[10] bygért mit im cu
réxynyn for guytyn löütyn, vas mir cuy gybüürt, mir cu méin
taail, doo hoot er zix loosyn mérkyn, er völ mix um tröübyn,[11]
doo véil ix nit hab, un' völ alzọọ fon miir kumyn az fon
méinym bruyder mọọśy, dén hoot er über tọọbert[12] in aainym
trunk, un' bööz löüt dar cuy gyholfyn habyn. nox hoot er mix
gybrooxt um all méin zilber gyśir biz ouf aain kopf,[13] dén vil
ix daréin vagyn riterlix, biz ix méiner śédyn aain kum, un' tuy
im cu visyn, das ix im ab zag, méinym śtiyf fater, Méndyl cu
régynspurk, zéinym léib un' zéinym guyt, un' aainer gancyn
gymaain iüdiś haait,
un' aax aainer gancyn gymaain śtat régynspurk, das zi zix nixs
dérfyn guyc cu mir foor zéhyn.
volt got fon himyl, das di bürger un' aain gancy gymaain fon
régynspurk zolt visyn den grọọsyn gyvalt, der mir gyśixt, mir
armyn man, fon dém Méndyl, méinym śtiyf fater. es möxt
got fon himyl der barmyn.
ix Göc fon fider holc

mit der Bedeutung ‚Anschein'? [8] *Abkürzung von ‚Rabbi'* [9] *Meir*
[10] *wohl versehentliche Vorausnahme des* g *im folgenden Wort*
[11] *Umgekehrte Schreibung statt Doppeljod:* um tréibyn *zu mhd.* umbetrîben *‚plagen, quälen; zum Besten haben; vor Gericht ziehen, verklagen'?* [12] *‚betäuben'?* [13] *Hs.:* koupf

8 *Frühes 16. Jahrhundert? Strophen 67–76 des epischen Gedichtes* Die Bindung Isaaks. *Sie sind nach der Untersuchung W.–O. Dreessens spätere Zusätze. Das Gedicht selbst stammt vielleicht aus der zweiten Hälfte des fünfzehnten Jahrhunderts. Die Handschrift wurde 1579 von Anschel Levi in der Lombardei geschrieben. (Paris, Bibliothèque Nationale, Ms. Hébreu 589, Fol. 125v–130r. Ausgabe, nach allen Handschriften und Drucken:* Wulf-Otto Dreessen, Akêdass Jizḥak. Ein altjiddisches Gedicht über die Opferung Isaaks. Mit Einleitung und Kommentar kritisch herausgegeben. *Hamburg 1971.*)

67 Vii müügyn mir al céit kọọdyś-borxu lọọbyn,
das er unz mit der ekẹẹdy hoot toon bygoobyn,
mir müügyn vol ẹẹryn zéin namyn, der haailig un' derhọọbyn,
cu for ous in dem tiifyn goolys, doo mir inyn vüütyn un' tọọbyn

68 un' śtékyn dinyn biz an den grund
drum müügyn mir vol lọọbyn got (iis') mit unzerym mund,
un' deran gydénkyn fun śtund cu śtund,
es zéi réix oder arym, krank oder gyzunt.

69 mir müügyn vol bénśyn avroohom un' iicxok, di manyn biider,
gybénśt zéi das méser, gybénśt zéi das viider,
gybénśt zéi er foor, gybénśt zéi er ziider,
gybénśt zéi er in al gyzang un in alyn gliider.

70 gybénśt zéi der bérg un' der doryn,
gybénśt zéi das aaiyl, das zix hoot for voryn,
gybénśt zéi zéin hout, zéin flaaiś un' zéin horyn,
vén mir es bloozyn, zọọ tuut kọọdyś borxu ab zéin coryn.

71 vén mir es bloozyn, zọọ muz zix der sootyn bald for bérgyn
un muz bald hin vék fliihyn mit al zéin śérgyn
un' darf zix nit loosyn zééhyn den zélbyn morgyn
un for śandyn muz er zix kriixyn unter di bérgyn.

72 voorum der sootyn var zix berüümyn gẹẹgyn got dem héryn,
vi er vol vélt di ekẹẹdy for śtööryn,
vi er vist gyvis, avroohom téét es nit géryn,
das vélt er mit der voorhaait byvééryn.

73 nun hoot ir gyhöört, vi er for züüxt al zéiny for nüftyn.
er kéért zix cu soory, di zas bytüftyn.
er viiz ir di ekẹedy ọọbyn in lüftyn –
azọọ ging ir di nyśóomy ous mit vaainyn un' züfcyn.

74 aax śtẹẹt in unzeryn sfoorym,
vén mir maxyn tkiiy, truuy, śvoorym,
zoo tüünyn zix ouf fiil raxmy śyoorym
un' cu réisyn al böözy gyzẹẹrys un' böözy nydoorym.

75 un' nox mẹẹn śtẹẹt in unzerer tọọry,
das déén tag hoot über unz kaain maxt der iẹçcer hory.
das guutys habyn mir alyz fun Avroohom, Iïcxok un' Soory,
nöüert das mir vééryn frum un' bysvoory.

76 un' niimynt viider unz vért könyn zéin śẹẹdig
un' kọọdyś borxu vért unz al céit zéin gynéédig,
un fun dem goolys zolyn mir vérdyn bald lẹẹdig,
un' zol unz myśiiax zéndyn afily biz gẹẹn krẹmona un' vẹnẹẹdig!

9 *1727. Fürth. Henele Kirchhaan*[1] : Simxys hanęęfyś, *zweiter Teil, Vorrede.* (Fotografiśer iber-drjk fjn der éirśter jn ainciker ousgaby . . . Mit a kúltúúr-historiśn araan-fiir *von Jacob Shatzky, New Y̱ork 1926.*

Mę̨ę̨axer hob gyzę̨ę̨yn, gyśixt in gymaan gro̦o̦s frę̨ę̨vyl,
un' néémyn zix nit cu hércyn dos alys iz hę̨ę̨vyl,
di sfoorym ouf taitś un' main xę̨ę̨lyk riśyn simxys hanę̨ę̨fyś iz bai fiil um zunst
dén cu bréngyn, dos zolyn flaisig lainyn di muser un' diinym iz aan kunst,
vo̦o̦s hélft nun di sfoorym cu maxyn,
vén nit laiynt, un iïrys śomaaiym śtélyn cu ruk véégyn véltlixy zaxyn.
zolxys mit caar hob bytraxt
drum hob ix diizy zmiirys gymaxt.
fiil diinym fun aly toog un śabo̦o̦sys ve-io̦o̦myn to̦o̦vym zainyn drinyn gymélt
un vo̦o̦l no̦o̦x gyzang in gyraim gyśtélt,
aax gyśtélt di muziky cu maxn bykant
dorx erfoorung bai aanym muzikant
den réxtyn niigyn.
drum, main liiby lait, lozt aix un aiery kinder den réxtyn véég liigyn
un lozt aix byniigyn
for liib cu némyn alys voos got aix tuut cuu fiigyn.
bysxus zę̨ę̨ zolyn mir zo̦o̦xy zain bald den go̦o̦yl cę̨ę̨dyk cu kriigyn.
un der vail der iker iz der cuu, doos man in śabys haltyn iz gut un frum,
un gyśixt rov xilyl śabys dos gę̨ę̨yn txumyn, di zainyn krum,
drum hob ix gyśtélt di réxty diinym, vii man gę̨ę̨t un vii man mést den txum.

[1] Es gibt u. a. ein Kirchhain in Hessen

Holland

10 *1677. Aus dem Vorwort Joslin Witzenhausens zu seiner Bibelübersetzung, Amsterdam. (Letzter Absatz der zweiten Seite des Vorworts.)*

Aax vén aaner méxt vélyn froogyn, im kén dọọs azou fiil iz ọọn aaner hatọọky gylęęgyn, dọọs talmy haméilex hot lozyn zibyncig zykéinym houlyn fun ieruśolaaiym, un hii tuut es aan man alaant, iz der téryc, talmy haméilex hot drum fiil gynumyn, er hot vélyn zęęyn, oub zi aly glaix vérdyn śraibyn, aaner az vi der ander. nun, doo iz aan nés gyśééyn al-pii ruuex hakoudyś, dọọs zi aly glaix for taićt un gyśriibyn họọbyn. ober vén man vil fręęgyn, man hot dox iou in k[ily] k[ydouśy] farara gyhat méiy xaxọọmyn gydoulym, dii dọọ họọbyn maitik gyvęęzyn toury nyviiym uksuuvym lylọọśyn sfardym; un aax hot mydiinys holand śnas xaméiśys alọọfym 379 lypak in dem mọọkym dort oder dort rext gyhat 25 mylumọọdym gydoulym, dii dọọ họọbyn toury nyviiym uksuuvym maitik gyvéézyn; un vii lozt man es dén nun śtéin uf aanyn man, der es maitik iz, un oon aanyn, der di hatọọky hélft iber lainyn. dọọ gib ix den téryc: ix họọb in aanym séifer gylaiynt, dọọs aaner śraibt in zainer hakdọọmy, un fréégt aan kaśy: vi kumt es, dọọs icundert kumt aan gymaaner, śléxter lamdyn un fréégt aan grousy kaśy uf poskym hagyounym hakadmounym? vii śaaiex, họọbyn es zélxy gyounym gydoulym nit gyzééyn oder dọọ ọọn gyśtousyn? éntvert er un śprixt: es iz aan mọọśyl: es géit dọọ aan riiz, der kan goor vait zééyn; dọọ kumt ain gycvérglain, dọọs némt er uf di aksl; dọọ kan dos klaany gycvérglain nox vaiter zééyn az der grousy riiz. azou aax di gyounym gydoulym họọbyn goor vait gyzééyn, un der gymaany lamdyn némt iiry sfoorym in di hant un lérynt dọọ inyn aly di kaśys vọọs den gyounym iz kọọśy gyvéézyn họọt er for zix. mọọg dén laixt, dọọs er nox aan vẹẹnig vaiter kan zééyn un aan kaśy aus findyn.

11 *1798; Jochanan Levi Roufy (‚Arzt'):* Diskurs gyhaltn cviśn iyhuudym in śif fun itrét (Utrecht) nọọx amsterdam, *Nr. 1, S. 1, Anfang. (Nach einer Photographie. Amsterdam, Universiteitsbiblioteek.)*

ANŚL HOLANDER kumt in śif, frọọgt: kapitéin, kén ix aan huk-plac kriign?
ŚIFER zọọgt: és śif iz nox lẹẹdig.
GUMPYL ŚPANIER kumt un frọọgt aax nọọx aan huk-pléciy.
ŚIFER zọọgt: iou.
GUMPYL géit in śif un zọọgt: ọọ vii guut, dou kén ix guut śloufn, nox kaaner dou. – iou, voor haftig, dou zict nox aan menś in. ọọ, doo kén ix śloufn. guut morgn! ọọ, Anśl, duu bist es. ix hob nit gyvust, dọọs du aax in itrét bist, ix hob gymaant, du bist śabys in amsterdam gyvẹẹzt, um uf gyruufn cu vérn. for axt tọọg śabys zényn aly di kyciinym uf gyruufn gyvorn, hob ix gymaant, śabys kumt es oon di dalfọọnym.
ANŚL: vọọs maanstu dén, dọọs es bai uns cuu géit vi bai aix lait, dọọs xilyk gymaxt vért cviśn kọọcn oder gymaaner man? mir zényn aly goor égaal, der manyg iz niks béser als der gymaaner man, aly goor cu glaix kényn dox nit uf gyruufn vérn.
GUMPL: iou, maar voorum iz dén iosyf śuu-raan-maxer nit dy érśty śabys uf gyruufn gyvorn?
ANŚL: du bist aan réxter nar. haftoury vért dox for kaaft. dox ix zẹẹ voul, dọọs du aax aan souny bist fun di naiy kily. ix vil amọọl main biixlxy fun dy xinex, vọọs ix hob, laïynyn.
GUMPL: héér amọọl, Anśl, ix zọọg dir main hérc réxt araus: du bist dir oon mir un oon fiil andery lait grob touy. ix bin bai

main lęębn kaan souny fun di naiy kily, nor ix zęę nit, dǫǫs ir lait épys gybésert zait.
ANŚL: vǫǫs mir gybesert zényn, ǫǫ śmaa bynii! dén vaastu goor niks! . . . .

Mitteljiddisch

Böhmen, Mähren, Westslowakei, Westungarn, Burgenland

12 *1619. Aus einem Brief der Mirjam, Tochter des Arztes Moses Maor Katan Luzern, an ihre Schwägerin Resel, die Frau ihres Bruders, des Arztes Aaron Maor Katan Luzern, von Prag nach Wien. (Nach einer Photographie des Briefes Nr. 1 im Cod. suppl. 1174 im Österreichischen Staatsarchiv, Abt. Haus-, Hof- und Staats-Archiv, Wien. – Vgl. Alfred Landau und Bernhard Wachstein, Jüdische Privatbriefe aus dem Jahre 1619, Wien 1911.) – „Resel" ist Ręęzyl ‚Röslein', nicht ‚Therese'.*

Bykicer, liiby śvęęgerin, vis, dǫǫs mir hǫǫbyn dainy ksǫǫvy[m] mykabyl gyvęęzyn. mir zain zéér der śrokyn fün vęęgyn di psüüry rǫǫy bav[oynoysęęnü] h[orabym], az dǫǫ iz nifter gyvorn bén axęęnü, boorex daaiyn émys. męęn zain mir zéér der śrokyn maxmys ipyś. ix hob bydęęy gyhat ahiin cü ciiyn mit m[ainy] kind[er]lix, got byhiit zęę. nüün vail es azǫy cüü gęęt, kan es nit zain. vil es h[a]ś[ém] i[ïsboorex byfęęlyn. aax hobyn mir nox aan ksav mykabyl gyvęęzyn a[l]i[ydęę] śliiex. aax zain mir zix zéér mycaaer, az dü dix bav [oynoysęęnü] h[orabym] müzt azoy gynęętyn. ober vǫǫs zol man toon? ix hob main brüüder goor zéér gykiplt, vi man in hot auf gynümyn, er zol dix héér némyn, hot er klal üklal nit gyvélt. ix hob imer cüü gyzǫǫgt: „vi viltu ǫǫn vaib hauzyn? " ober hic iz main dęęy goor nit ün aax di ganc miśpǫǫxy, got byhiit zęę, zain aax dervider, in aan zélxyn raaś, es ciit avék vér nor kan zain gyzind farśikyn. nüün vi viltu, main hérc-liiby śvęęgerin, dir in aan zin némyn, in aan zélxyn vęęzyn héér cü kümyn, aans: man lozt niimynt ain, di lait di dǫǫ zain héér kümyn, bęęly ir toxter ün dii mit iir zain kümyn, dii hot man nit vélyn ain lozyn, hobyn müzyn 3 ioomy[m] auf den bęęs xaaiym ligyn, dernǫǫx hobyn zęę goor avék müzyn ciiyn. ün dǫǫs ander, mit aan gyzind ün mit kinder auf den vęęg lęęgyn. aax hot man zęę bygazyl[t], man hot zęę vélyn goor in lęęger fiiryn, iz goor fiil derfün cü śraibyn. iz goor ciiü fiil fün bęęly gyv[ęęzyn], az zi hot di toxter in aan zélxyn vęęzyn héér gyśikt, zi hot sxüs ǫǫvys gynosyn, vér nit kan derfün ręędyn, der kan nit lęębyn. nüün, main hérc-liiby śvęęgerin, ix bit dix goor zéér ün zéér ün ném dir nit zélxy üm glaixy drǫǫxym fiir, vǫǫs nit miiglex iz. vén es nor aan miiglex kaat véér, vélt main brüüder kaan mynüüxy lozyn, er müzyt dix héér némyn, vii i[x] foor mit gancer maxt hob vélyn hǫǫbyn, er zol dix héér némyn, azǫy bin ix hic der vider[..]d ix hob zélber bydęęy mit main śvǫǫger r[eb] ślǫymy in pǫylyn cü ciiyn. nit ix alaan, andery la[it] męęn, dii nor kenyn ob kümyn. ix vaas vǫyl, az du dix zéér müzt gynęętyn. vǫǫs zol man toon, h[aśém-iïsboorex] zol es amǫǫl béser maxyn, az vii mir hofyn.. . .

13

1619. Aus einem Brief der Resel Landau in Prag an ihre Tochter Channe (Hanna) in Wien. (Quelle wie im vorigen Dokument, Brief Nr. 34.)

. . . liibys hérc, am io[m] b[ęęs], ęę der śliiex iz kümyn, zǫy iz bęęly toxter kümyn ün maatly ün hob[yn] mir kaan briiv gybraxt, zǫy bin ix śiir gybliibyn, zǫy hobyn zęę mir gyśvǫyry[n] dǫǫs éc lang mit liib al gyzünt zait, zǫy hob ix mix aan vęęnik bynüügyn gylozyn. di ganc kily kan zix nit gynüügyn for vündern dọọs man di maad icünder hot héér gyśikt, iz ir gynaa gynüügyn gangyn, zi véér śiir ins lẹẹger kümyn, hét zi nit mit zix gyhat iiry zaxyn, der mit hot zi zix, got cü foor, aus gylẹẹzt. véér ober kaan vünder gyvẹẹzyn, azọy aan frẹẹvyl! zi hot gyvis sxüs ọọvys gynosyn. érśt hot man zi hii nit vél[yn] ain lozyn, iz cü liibyny, den dọọs kol gẹẹt vii x[as] v[yśọọlym] grọyser aver véér, man hot di maad drüm héér gyśikt. drüm for langt mix, biz ix véér i[m]i[érc]h[śém] vider briiv fün énk họọbyn. liibys hérc, az dü śraibst dọọs dọọ fiil frémdy lait bai énk zain, iz kaan vünder, zainyn hii aax śiir azọy fiil az hiigy. vọọs zol man tüün? vọọs hś[em]i[ïsbọọrex] tüüt, iz vọyl gytọọn, gylọybt zai er. zol ix dir śraibyn, vii es unz gẹẹt? hś[ém]i[ïsbọọrex] zols iber (r)al güüt maxyn. mir zainyn śmọọl gynüügyn gyśtandyn. man iz aan mool ain gylofyn, iz boorex haśém vọyl aus gangyn, mir hobyn sxüs ọọvys gynosyn. . . .

14

Spätes neunzehntes Jahrhundert. Mähren. Sprichwörter. (Aus Der Urquell *1897, S. 271–272. Schreibung geändert.)*

1. af e narn iz kaa kaśy cü froogn. 2. af e narn iz kaa pśat cü zọọgn. 3. e nar iz érger vii e mamzer. 4. mit e narn braxt my dy baan! 5. mit e narn, e pọọkyd ün e pẹẹger zol my nit miśpytn. 6. püürym iz als frai, ober nọọx püürym vaas my dox, véér e nar iz. 7. śpäi dym narn in pọọnym, zọọgt er, ys rẹẹgnt. 8. liiber fün e xọọxym e pać vii fün e narn e tác. 9. af e dorn-baam vaksn kaa cvoorex-kréplex. 10. grois moiry voint in gẹẹvić. 11. kaa ćüüvy iz aax e ćüüvy. 12. az zi haast héndl, toor myn ésn aus iir féndl. 13. e śłaxter śabys maxt e gütn züntyg. 14. af aa bak kon my śraibn lang vyhüü-raxym ün af di andery tmaniy-apy. 15. got byvoor ünz for aly coorys, zén orxym aax

derünter. 16. e śidex ün e śoolyt gyrọọtn zéltn. 17. aly ślampydigy vaiber zén fraityg nọọx-mitọọg di grésty vartynéstns. 18. fün e ioiryś ün e ganyv iz śléxt cü kaafn. 19. kaa brééry iz aax e gyzééry. 20. śpoort s der münd, frést s der hünd. 21. e xilyf iz e xalyf. 22. küüzl dex elaan ün lax elaan. 23. alt aizik vart téncerik. 24. e kvéntl mazl iz méér vii e céntn xoxmy.

15 *Zwanzigstes Jahrhundert. Mattersdorf (neuer deutscher Name: Mattersburg) im Burgenland. (Aus dem* Jahrbuch für jüdische Volkskunde, *1924/1925, S. 463–472. – Schreibung geändert.)*

1. Vot er mo hakl-ioidüüxy aus dym sidol eraus raisn! 2. dy brauxst dex niks fo mo cy forxtn, ex hob kaany cüzamyngyvaksyny aagn-braunyn. 3. koidym kol rüüfts mịiex axryn auf! 4. vọọs kümsty mitn voxn-proixys héér? 5. hünd, hünd, hünd, dü zolst mex niks baisn, zünst vot dex der taifl cyraisn – iiex kéér iaikyf, düü kéérst ęęsyv. 6. éstol, my śvéstol, vii gęęt ys doi cüü! vén mo vil ésn gęę, śtélt mo érśt cüü! vén mo vil trinkn gęę, hoilt mo n vai! ven mo vil śloifn gęę, falt ys bét ai!
7. bal-xọọlym, ięęcer-hory, gęę vék fün miier!
iiex glaab niks an diir.
iiex glaab nor an al-maxtign got,
der miiex byśafn hot.
in gynęędym śtęęt e baam,
dęęn vinś iix aly mainy bęęzy traam.
vén iiex haint naxt va épys slaxts xọọlymy, var iiex morgn nit drauf fastn.

Ostjiddisch

16 *Um 1534. Aus der Einleitung zu* mrkbt hmsnh lqu̯nqu̯rdaśiu̯, *Krakau, einer Bibelkonkordanz des Ascher Anschel ben Josef. (Nach dem Exemplar des British Museum.)*

oux vist, dọọus man fint oft in diizym biixlain a vort, dọọs hot a śọyryś in goor fiil ménxy daaić. doorim hob ix itlixs vort in ménxer léi daaić far daaićt, ober baai iklixyn hob ix gycéixnt, in vélxym séifer oder kapityl in pọọusyk es hot dọọus daaić, ín in éinym anderym séifer oder kapityl oder pọọusyk hot es an ander daaić, am drityn oder am firdyn ort ober an ander daaić, ober aly vẹẹgyn itlixs ort gycéixnt vii zix dọọus daaić far éndert. al déérex mọọuśyl: iad – in bréisi[s] iz es daaić ‚hand'; in śmi[ni] iz es daaić ‚bortyn' i[éś] '[omrym] ‚maxt' i[éś]'[omrym] ‚slak', ín in séifer ‚bamidber' iz es daaić ‚śtọọut'. ín der daaić zain derouf zibyncéhyn oder axcéhyn, ín baai iklixym hob ix gycéixnt, vii es aza daaić iz, vii es ọọun éinym anderyn daaić iz, ín oux derbaai gycéixynt dọọus zélbig ort in kapityl ín pọọusyk. ...

17 *1579. Aus einer Zeugenaussage vor dem (jüdischen) Gerichtshof in* Koouzmer, *später* Kuuzmark. *(Aus* s'ri̯t iu̯sp *des Josef Mordechai ben Gerson Kohen, Krakau 1590, Fol. 44v. –* Koouzmer *ist* Kasimir, *neupolnisch* Kazimierz.)

Icínd[ert] éin iọọur bin ix iber iam gycọygyn, dọọu bin ix gykímyn kén rodos, grọys rodos, dọọu bin ix krank gyvooryn, dọọu iz an alter iîd gykímyn ci mir ín hot mix gyfrẹẹgt, fín vanyn ix véér. dọọu hob ix gyśproxyn: „fín krọọuky". dọọu hot er gyśproxyn, er véér oux fín krọọuky, oder baai langy iọọuryn: „icíndert kén ix nümynt nit.“ dọọu hob ix gyśproxyn: „ir méxt vọyl maain śvéér gyként họọubyn, er hot gyhéisyn mọyśy dls, zaain vaaib héist Éster.“ dọọu hot er ọọun gyhọybyn: éi, der dọọu der trínkyn iz, icik mọyśy dls zíín, déér iz daain śvọọuger gyvęęzyn? ix hob im mit maainer hant bygrọọubyn. ix hob in gyként baai zaainym lęębyn. er iz gyfangyn gyvęęzyn, in aaizyn gangyn afily dernọọux, dọọu myn in hot ous gyléizt. ix hob in vọyl gyként.

18 *1614. Aus einer Zeugenaussage vor dem (jüdischen) Gerichtshof in Florianów, in der verkürzten Form, wie sie in Responsum Nr. 57 im* bịt ḥds *des Joel Serkes gegeben ist. (Frankfurt a. M., 1697, Fol. 37r.)*

Mir 11 balbatym zaain im xaaiyl gyvęęzyn, iz arous gyspríngyn a iîd, brọọuxy b[en] hakọọudyś aaryn miTiśyvic, hot gydiint ouf 3 sísym, iz gyspríngyn cím xaaiyl śél moskviter 2 vy 3 pyọọumym kyséider hamilxọọumy. di moskvitern hobyn goiver gyvęęzyn, iz der iîd cí rik gyśpríngyn, azoi hot myn im nọọux gyśosyn ous den vald. hob ix gyzęęyn di lọọudínk śtékyn im am ríkyn. iz er nider gyfalyn ouf den zọọutyl, hot zix vélyn ọọun haltyn ọọun di hoour fín sís am halz, dọọu hot er zix gyvéklt hiin ín héér, in azọi hot in dọọus sís avék gytrọọugyn in vęęg ín hob in nit gyzęęyn, iz mit den xaaiyl antlofyn. oux hob ix gyzęęyn dọọu er nider gyfalyn iz ouf den sís dọọu iz im der roix cím moul arous gangyn, bin nọọuynt baai im gyvęęzyn. der nọọux zaainyn mir dem xaaiyl nọọux gylofyn, dọọu hob ix gyzęęyn zaain sís loifyn ín éér iz nit derouf gyvęęzyn, naaiert der zọọutyl iz krím gyvęęzyn. dọọus sís hob ix voil gyként vyax[er]k[ax] hot der rọś haxaaiyl lozyn poukyn, iz dọọus xaaiyl, vọọus myfízer iz gyvęęzyn, ci hoif kímyn, hot dọọus folk mysaper gyvęęzyn byisky hamilxọọumy, hobyn kamy pyọọumym kamy kozakyn gyzọọugt: „zaai got gyklọọugt, dọọus der ricer, der iyhíídi brọọuxy, iz śaaiclix (aain) azoi [a] vék kímyn, man hot im mit den bardys cí hakt ín cí śtoxyn" kí[ly]. den iom arím hobyn di kozakyn gyślọọugyn di moskviter ín hobyn gybraxt a ślal ín dọọus sís śél brọọuxy hanal, ín zaain híít hob ix voil gyként, in zaain xééryv, dén hob ix nit voil gyként. azoi hot der sar méiy vélyn họọubyn di kéilym śél brọọuxy hanal ín der sar asọọury śéloi, déér hot s oux vélyn họọubyn, ín hobyn gymiśpyt far den kali. azoi hot der sar asọọury gyśproxyn: „ix bin bilixer der cíí, méiaxer dọọus man hot ínzery haríígym far sarfyt, azoi hob ix den brọọuxy hanal mit maainer hant ous gycoigyn ín hob im far sarfyt", ín hot éidys dọọu arouf gybraxt kamy kozakyn, dọọus er in hot in a houz araain gyślépt cí far brényn, in hot in far brént. dóóu hot man den ślal śél brọọuxy den sar asọọury cíí gypaskyt. der nọọux hob ix gyhéért fín a kozak, héist xvedor, iz gyvooryn der nọọux a galex cí kiiyv, hot mysaper gyvęęzyn lyfii tímoi, dọọus er iz der baai gyvęęzyn, dọọus der kozak sar asọọury hanal hot den iyhíídi far sarfyt, der dọọu hot gyhéisyn brọọuxy. oux véis ix voil, dọọus kéin iyhíídi in ínzeryn xaaiyl hot gyhéisyn brọọuxy naaiert der iyhíídi hanal kí[ly]. vyaxer kamy śvííys arím, bexaaiyl śél néloviki, dọọu zényn gyvęęzyn kozakyn axéirym, hobyn lyfii tímom gyzọọugt migvíírys brọọuxy hanal....

19

Um 1800. Aus Maasy maihaśivy béitlers *des chassidischen Rebbe Nachman von Braslaw, in der Niederschrift seines Schülers Nathan ben Naftali Herz (d. i. Hirz=Hirsch, Vorname). Aus der Sammlung* Saifer sipjjry maasys, *Fol. 71r, Berditschew 1815.)*

Jn s iz faranyn a barg, jn ofn barg śtait a śtain, jn fjnym śtain

gait a kval jn itlexy zax hot a harc, jn di vélt in gancn ot oix
a harc. jn dus harc fjn der vélt iz a gancy koimy mit a puunym
jn mit hént jn fiis, liśmer der nugl fjnym fjjs fjnym harc fjn der
vélt iz harciker aider an anderns harc. jn der barg mitn kval
śtait in ain ék fjn der velt, jn dus harc fjn der vélt śtait inym
andern ék fjn der vélt. jn dus harc śtait akaign dym kval jn gljst
jn bénkt tumyd zaier, az sy zol kjmyn cjm kval. jn dus bénkyn
jn dus gljstn fjnym harc cjm kval iz guur vild. jn sy śraait tumyd
dus harc, az ys zol kjmyn cjm kval. jn der kval gljst cjm harc
oiex. jn dus harc ot cvai xliiśys . . . ainc, vuurn di zjn iugt ya
zaier jn brént ys . . . jn dus andery ślafkait ot dus harc, maxmys
dym bénkyn jn dym gljstn, vus dus harc bénkt jn gljst tumyd
jn ys gait nor ous cjm kval jn sy śraait alc, sy zol kjmyn cjm
kval . . . vuurn dus harc śtait tumyd akaign dym kval jn śraat
na gvald . . . liśmer az dus harc badarf zex a bisl up rjjyn, az sy
zol zex up sapyn a bisl, azoi kjmt a groiser foigl jn far śprait di
fligl of iim jn farśtélt ym fjn der zjn. démlt rjjt zex dus harc up
a bisl. jn afily démlt, az sy rjjt zex up, kjkt ys oix akaign dym
kval jn bénkt alc cjm kval. liśmer az sy bénkt ioo azoi cjm kval,
far vuus gait er nit cjm kval? nor vi bald dus harc vil cjj gain
nuuynt cjm barg, vus oivn iz der kval, azoi zéit er śoin nit
arous dym śpic, kon er nit zéiyn dym kval. jn vi bald er kjkt
nit otn kval, gait er ous, vuurn guur zaan xaaiys – fjnym harc – iz
nor fjnym kval. jn az er śtait akaign barg, zéit er arous dym
śpic barg, vus dort iz der kval. ober taikyf vi bald er vil cjj gain
cjm barg, zéit er śoin nit arous dym śpic . . . . kon er śoin nit
kjkn ofn kval, kon er xas vyśuulym ous gain. jn az dus harc zol
xas vyśuulym ous gain, volt guur di vélt xuuryv gyvoorn, vuurn
dus harz iz ex dus xaaiys fjn itlexer zax, jn vii kon di vélt a
kiiym hubn uun dym harc?

20 *Neunzehntes Jahrhundert [?] Wiegenlied (Volksweise).*

Der taty iz gyfuurn
ofn śuulym zuxer,
ét er bréngyn far laićalyn
a śainym buxer:

mit géily paiys,
jn mit gjty daiys,
mit śvarcy oign,
cj der toiry vét er toign.

21 *Neunzehntes Jahrhundert [?] Volkslied: Ergebung in Gottes Willen.*

Ci kén myn arof gain
in himl araan,
jn fréign baa got,
ci sy darf azoi zaan?

sy darf azoi zaan,
sy mjz azoi zaan,
sy kén of der vélt
dox guur anderś nit zaan.

22 *1844. Die ersten Zeilen einer mit kurzen Erläuterungen versehenen Übersetzung des zehnten Abschnitts von Baḥjas* Herzenspflichten. *(Nach der Ausgabe Jozefów 1848, Bd. 2, Fol. 122v.)*

Vaal mir hobn oivn inym naantn śár gyśtélt dus baśaidyniś fjn di iniuunym, vii myn zol zex up śaidn fjn di tanjjgym fjnym oilym, jn jndzer kvuuny iz gyvéin, az der ménć zol zaan harc farainikn, jn ous laidikn ys fjn aly zaxn, cjm liibśaft fjnym baśéfer iïsbuurex, jn zol gljstn cj zaan viln, drjm hob ex farśtanyn derbaa cj śtéln dus baśaidyniś fjn di oifanym fjnym liibśaft fyn got, kloimer in vus far an oifn myn mjz zex noiyg zaan in di liibśaft fjn got iïsbuurex. vuurym dus iz der taxlys fjn aly śeruśym jn der sof fjn aly maalys jn di madraigys fjn di frjmy laat vus diinyn got.

23 *1848, März 20. Der Anfang eines Aufrufs von Isaak Juda ben Abraham, Lemberg, an die jüdische Bevölkerung Galiziens, veröffentlicht zwei Wochen nach Ausbruch der Revolution in Wien. Nach dem Faksimile in* Historiśy śriftn fjn iîdiśn visnśaftlexn institut, *Bd. 2, gegenüber S. 632, Wilna 1937, wo der ganze Aufruf abgedruckt ist. Das Original befindet sich in der Harvard University in der Sammlung Leo Wiener.)*

Vus iz dus azoinc gyśéiyn in viin jn in lémberyg?

Liby harcydiky briider, héirts a puur vérter, vus zényn aax cind naitik cj visn.

éc ot minystam śoin gyhéirt, az ys obn zex farlofn vjnderlexy-zaxn in viin jn in lémberyg, jn éc ot éfśer guur moiry, az ys vét nox épys śléxts dérfjn arous kjmyn. iber déim vil ex aax akorat der cailn jn der kléirn, vus ys ot zex gytjjn jn far vus ys ot zex azoi gytjjn, kydai az éc zolt aan zéiyn, vus far a nisym śémisbuurex ot bavizn jn vus far a toivys ys zényn śoin arous gykjmyn, jn vus far a gjts ys vét nox arous kjmyn far aly ménćn, s méign zaan iîdn oder gooiym, vus ys zényn ṇor duu in aly lénder, vus ys kéirn cjm éstraaxiśn kaïzer.

éfntźy of baidy oiern jn héirts mex ganc gjt cjj.

jndzer gjter kaïzer férdinand ot arjm zéx gyhat étlexy

ioiácym, vus zai obn ym śléxty aicys gygéibn jn vus zai obn niśt cjj gylozt, az er zol héirn di bykuuśys fjn zaan folk, jn zol niśt visn, vus zai badarfn cj déim, az zai zoln kényn gliklex léibn. dus ot aly gjty ménćn zaier vai gytjjn. iber déim zényn zex in der léct(n)[er] caat in viin cj anand gykjmyn méirery gjty jn kljgy ménćn in ainym mit di studéntn fjn di hoixy śkolys, vus zai zényn zaier gylérnt, jn obn of gyzéct a bykuuśy cjm kaïzer. in déir bykuuśy zényn gyśtanyn ous gyréxnt aly gjty jn gyréxty zaxn, vus dus folk bagéirt fjnym kaïzer. dii bykuuśy obn miliasn ménćn jntér gyśribn.

Die letzten hundert Jahre

24 *Mendale Moicher Sfuurim (d. i. Schulem Jaankew Abramowitsch, 1836–1917): Aus der autobiographischen Erzählung* Śloimy réb Xaaiyms, *1899. (Nach der Ausgabe in seinen gesammelten Werken, 1911, Bd. 2, S. 23.)*

Lipy Rjjvns iz gyvéin a dárer, a korc-zéxtiker, mit a blaix puunym, a śtiler, a gjter jn zaier baliibt baa itlexn inym śtéitl. zaan xarakter, zaan voinjng, zaan śtaiger léibn, zaan tjjn jn alc mit anander ot baśaamperlex gyvizn, az in iim iz duu dus pintaly, der brén fjn a kinctler. er ot gyhat a hant cj śnicn, cj muuln, cj śraabn jn cj kricn of kjper jn of śtainer, niśt cj maxn zex derous a parnuusy, nòr glat azoi, vaal dus iz gyvéin zaan béster fargynign, vaal ys ot ym dercjj épys gytribn in er ot badarft, gymjzt maastern. baa dym klain-śtéitldikn oilym iîdn ot er gyhaisn a bériy cj alcding, a kéner, épys guur a śrék–jn zai obn baa itlexer gyléignhait zex mit zaan bériyśkait banict. M ot ym mexabyd gyvéin mit śnicn dym uurn koidyś, muuln a mizrex, ślugn mycaivys, kricn xsimys. maidlex, kalys, fléign ym matriiex zaan, mit zaan gjtn viln cj maxn far zai mústern, of kaitl-stéxlex, of héftn, ous naiyn far zaiery xasanym tvilnzéklex.

25 *J. L. Perez (1851–1915): Aus der Erzählung* Mysiirys néifyś. *Um 1904. (Nach der Ausgabe in seinen gesammelten Werken, Bd. ‚Volkstümliche Erzählungen', S. 195, Warschau 1908.)*

Mit doirys cjrik ot gyśémt in cfas a iîd a gviir jn a groiser balmazl, vus ot gyhandlt mit ciirjng jn alerlai avuunym toivys jmarguuliys. jn gyvéin iz déir iîd an oiśer an émyser, niśt kain of-gybluuzyner vi haantiky caatn.

jn gyhat ot er zaan aigns a palyc, vus ot arous gykjkt mit léxtiky féncter-oign ofn iam kinéirys. jn arjm gyringlt ot dym palyc a guurtn a groiser, mit alerlai gljstiky baimer, mit kol hamiinym pairys jn zingyndiky faigl, jn mit alerlai smékydiky kraatexcer jn andery gyviksn hén lynooi vyhén lerfjjy.

jn gyhat ot der guurtn véign braity, ous-gyśity mit goldynym zamd, jn di baimer iber di véign obn zex in der haix cjzamyn gytrofn mit di kroinyn jn cjzamyn gyfloxtn jn farśuutnt di véign.

26 *Śuulym Alaixym (Schulem Aleichem, Pseudonym für Schulem Rabinowitsch, 1859–1916): Aus der Erzählung* Śprincy. *Um 1900. (Nach der Ausgabe Warschau 1909, zweiter Druck, Band 1, S. 234.)*

Vaaihii haaiym, tréft zex a maasy, éiryv śvjjys iz dus gyvéin, kjm ex cj fuurn mit a bisl milexiks cj ainy fjn maany koinytys, a ijngy almuuny jn a raaxy fjn iékaterinoslav, vus iz gykjmyn cj fuurn mit ir ziindl, aronćik haist er, kain boiberik ofn zjmer. jn dus farśtait ir dox alain, az dus éirste bakéntśaft iirs in boiberik iz gyvéin mistumy mit miir. „m ot mir gyrékomyn-diirt – zugt zi, di almuuny haist dus – az baa aax iz dus bésty milexiks.“ „vi kén dus zaan anderś? – zug ex cjn iir, cj der almuuny haist dus – nit jmzist – zug ex – zugt śloimy hamailex, az a gjter numyn lozt zex héiern vi a śoifer iber der gancer vélt. jn oib ir vilt – zug ex – vél ex aax dercailn, vus ys zugt derof der médryś.“ ślugt zi mex iber, di almuuny haist dus, jn zugt cj miir, az zi iz an almuuny jn iz in dii zaxn, zugt zi, niśt gyniit, zi vaist niśt, mit vus m ést dus. der iker, zugt zi, az di pjter zol zaan friś jn der kéiz zol zaan gyśmak. – njj gait, rét mit a nykaivy!

27 *Jehojesch (Pseudonym für Jehojesch [d. i. Jehoasch/ Joas] Salomon Bloomgarden, 1872–1927):* Zjnyn-jnter-gang. *(Aus dem Band* Gyzamlty liider, *S. 235, New York 1907.)*

Ys falt arjnter of der éird
a śtilkait vii fjn śrék,
di rúndy, faaierdiky zjn
śtarbt bislexvaaz avék.

der himl ot ir toitn-bét
mit léxt arjm gyśtélt,
jn s ot mit flamyn zex cjbrént
dus gancy maaryv-féld.

ys śepćyt in di hoixy gruuz
der vint baklémt jn śvax,
zugt kadyś nuux der groiser zjn
of uvnt-vintn-śprax.

28 *Chajim Nachman Bialik (1873–1934):* Jnter di griininky baimalex. *Um 1900. (Aus seinen gesammelten jiddischen Gedichten:* Poeziy, *Warschau 1913. Der moderne hebräische Nationaldichter schuf auch in jiddischer Sprache.)*

Jnter di griininky baimalex
śpiiln zex moiśalex, śloimalex.
cicys, kapotkalex, paialex –
iîdalex friś fjn di aialex.
gjjfalex – śtroi, roix jn féiderlex,
ném jn cjbluuz zai of gliiderlex –
xapn zai of gringy vintalex
jn ys cjtrugn zai faigalex.

nor ain zax farmugn zai – aigalex,
dii oign farmugn cvai pintalex,
vus gliiyn jn finklyn jn tjkn zex,
jn épys vi nyvîiś jn vjnderlex
fartraxtn zex tiif jn farkjkn zex
of néxtiky téig jn of faigalex.
oi miir zol zaan, iîdiśy kinderlex,
far aaiery kuuśery aigalex!

29 *Avruum Raizin (Abraham Reisen, 1876–1953):* Vjhiin? *Um 1900. (Aus seinem Gedichtband* Uvntklangyn, *S. 12, Wilna 1914.)*

vjhiin vilstj, nyśumy, vjhiin?
    di bérg zényn hoix,
    di volkndlex blaix,[1]
di eird jn di baimer – vi griin!
    v'hiin vilstj, nyśumy, vjhiin?

o horx, vi di biin
    zjmzyt jn fliit,
    zi flatert jn ciit
ahéir jn ahiin –
    v'hiin vilstj, nyśumy, vjhiin?

o kjk dort in maaryv ahiin –
    di zjn, zi fargait
    kaalexdik, roit[1]
ahiin alc, ahiin –
    v'hiin vilstj, nyśumy, vjhiin?

[1] In der Mundart des Dichters reimen: hẹix–blẹix, gẹit–rẹit

30 *Śuulym Aś (Scholem/Schalom Asch, 1881–1957): Aus dem Band* A śtéitl. *Um 1900. (Nach der Ausgabe Minsk 1906, S. 14.)*

Ainc alain jn far zex alain śtait zex a haazl in tuul cviśn cvai hoixy bérg, vus lozn zex vaat jn hoix in der vélt araan, baam brég fjn taax (vaaksl)[vaasl]. vinter iz ys. gots vélt iz in gancn in śnai fartrjnkyn. jndzer haazl, vi an alter balbuus in taxriixym, śtait zex baam brég, kjkt zex cjj cjm farfroirynym taax, zaan śuxn, jn ys śvaagt, biz der taax vét cj txiiys hamaisym of śtain. dervaal iz der taax gyśtorbn, gyfroiern jn mit a vaasn kitl aan gyhiilt. rubn fliiyn of zaan brait jn léng, śtéln zex ofn taaxs rjkn, jn léxern zaan upgytokty déky. tail muul gait a ménć ibérn taax, jn dym ménćns fiis tjkn inym vaasn, tiifn śnai.

31 *Aus der Warschauer Tageszeitung* Der Fraand *vom 4. Juli 1911.*

di baciijngyn fjn di airopéiiśy myljjxys cj di militéir-operaciys fjn frankraax in maroko zényn biz der lécter caat gyvéin nit kluur. épys ot myn gykjkt of maroko jn of dus balybatyvyn fjn frankraax dorx di finger. myn ot, émys, gyrét, az daaćland iz nit śtark cjfriidn mit der francaiziśér maroko-politik, az in der stil ot zi taanys jn tviiys cj frankraax, nor myn ot gyzugt, az daaćland vét zex lozn myfacy zaan fjn frankraax in an ander ort. daaćland ot gyśvign. ir śvaagn ot zi derkléirt mit déim, vus zi iz nit méir fjn alymyn interysiirt mit maroko, jn hiitn di baślúsn fjn der alźyziirys-konferenc darfn aly airopéiïśy myljjxys, zi iz guur nit mexjjyv, cj bazorgn di gancy vélt.

32 *Josef Opatoshu (früher Josef Meïr Opatowski, 1886–1954): Der Anfang der Erzählung* A farśaat haabl. *Um 1915. (Nach Band 15 seiner gesammelten Werke, Wilna 1939.)*

A śabys-frii-morgn inym iuur 1840.

cjn śjjl-fiirn iz di zéxcn-iuuriky faićy, dym raaxn faaviś opatovskis toxter, gyzésn in mitn der saliy in a gyśnictn kalyfotél. zi iz gyvéin gyślaiert in śvarcn zaad. fjnym śtéirn-tiixl, fjn di oiering biz di akslyn, fjn di fingerlex, fjn di brouny, léxtiky oign – vjj a kéir, obn arup gyfinklt jn arous gyfinklt diimytlex. iber di śmuuly akslyn a din italiéiniś śal-tjjx fjn śpicn jn śpiclex. ofn kop – a gypast haabl, gyviklt fjn śvarcy, zaadyny koronkys, bapjct mit roity baaćalex kréln jn mit a citer-śpilky. der gyboigyner haldz badékt mit śniirlex péirl jn in der réxter hant a korbn-minxy-sider in a zilbernym aanbjnd.

arjm dym ijngyn vaabl, vus iz śoin iber a śuu fiks jn fartik gyvéin, my zol zi fiirn in śjjl araan, ot zex gytjmlt.

dym oivn-uun obn dus muul niśt farnjmyn di raaxy zdoinskyvolier vaaber in vaablex, afily niśt faićys mjter jn śvéster, nor di cvélyf rébycns, vus zényn mit gykjmyn of der xasyny fjn xuusns cad jn zényn farblibn biz iber di séivy bruxys.

33 *Ijjdy (Juda) Lehmann: Aus* Ainśtains rélativitéits-téoriy. (Berlin 1921, S. 25.)

Ainśtain iz cjj gygangyn cjm dozikn probléim mit der fragy, vus bataat der ousdrúk *„in ain jn der zèlbiker caat"*, oder in algymain gyrét, vus bataat dus, az cvai ersáinúngyn kjmyn fuur *„glaax-caatik"?* jn ot iz er, ofn grúnd fjn a raï batraxtjngyn . . . gykjmyn cj jmgyhoïer vixtikn rézúltat, az *der bagrif fjn glaaxcaatikait jn dermit der bagrif fjn „caat" byklal iz fjn fizikaliśn śtand-púnkt oix epys rélatiivys.* er iz gykjmyn cjm ous-fiir, az of iéidn fjn a raï kérpers, vus gyfinyn zex bynygaiy cjj zex in cúśtand fjn gruud-liniker, glaax-méisiker bavéigúng, hérśt an *ander caat,* jn pjnkt azoi vi di bagrifn „rjj" jn „bavéigúng" zényn, vi mir obn oivn ous gyfiirt, far iéidn fjn zai andéry, jn a ménć, vus gyfint zex of ain kérper, kén niśt cvingyn di ménćn fjn di iberiky kérpers, cj anerkényn, az *zaan* ćúśtand fjn rjj jn bavéigúng iz giltik oix far zai, azoi iz oix der bagrif „caat" far iéidn fjn zai an anderer, jn kainer fjn zai kén niśt *zaan caat* cjj śraabn dym cvaitn. der tuuys fjn baobaxter, vus śtait of der éird jn bahouptyt, az dus gyzéc fjn léxt-farśpraitjng gilt niśt farn baobaxter fjn kérper, baśtait alzo in déim, vus er *varft uun zaan caat-muus dym baobaxter fjn andern kérper.*

34 *Eliy (Elias) Olśvanger (1878–1952):* Der klainer géométer. *Dresden 1921, S. 147. (Übersetzung eines Schulbuchs von W. und G. H. Young.)*

Der śéitex fjn a gruud-vinkldik draai-ék iz di hélft fjnym śéitex fjn a gruud-ék, vus zaany śxainiśy zaatn zaanyn di katéitn fjnym draai-ék.

35 *Nuusn Biirnboim (1864–1937): Ende eines Artikels* Mipnai xatuainj guliinj *im Tageblatt* Der iid *(Band 5, Nr. 164, Warschau, 3. August 1923. Nachdruck in des Verfassers* És laasys, gyklibyny ksuvym, *S. 102–103, Lodz, 1938.)*

Nor avjj német myn dus a ćjjvy, riboiny śél oilym, az di apikorsym zoln zex uun haibn śéimyn mit zaier féter xjcpy jn mit zaier mugern dáas, az di hjltaaiys zoln uun haibn zex miisn far zaier paskjdny fiirn z̄ex, az di axzuurym zoln uun haibn zex derśrékn far zaier śléxtkait, az di gjty jn frjmy zoln uun haibn kléirn, vus ys féilt zai nox cj gjt jn frjm, az di prosty ménćn zoln uun haibn zéiyn zaiery klainkaitn jn halbkaitn? vjj német myn dus a ćjjvy, zi zol arjm némyn dus gancy folk, zai zoln zex uun kjkn ainer dym andern jn mit a paxyd géibn a gyśrai ous: oi vi vaat zényn mir farkroxn, lomir zex jm kéiern? !

oi, vjj német myn dus a ćjjvy, riboiny śél oilym, zi zol taky zaan a ćjjvy, a gancy, a haisy, a śtarky, a poilndiky baa diir? niśt kain puuśyt moul-xatuainj, nor a harc-xatuainj jn a kop-xatuainj! vjj német myn dus an arbyts-ćjjvy? vjj német myn dus fiirer fjnym folk, vus zoln of bouyn di knéisys iisruuyl, vus in tox gynjmyn iz zi acind guur niśt bynimcy – a knéisys iisruuyl an aan-gyvorclty, vus in iir zoln zex of hodyvyn hislaavysdiky, cniiysdiky, éirlexy jn gancy iîdn, iîdn mit koiex jn mit gvjjry, mit beharctkait jn mit mysiirys néifyś? oi, vjj német myn an émysy knéisys iisruuyl?

oi, riboiny śél oilym, vjj német myn ys a ćjjvy, zi zol cjj némyn baam iîdiśn folk alc, vus iz soiser zaan ous-dervailtkait, alc, vus varft zex in di oign dym gjtn fraant, vus zéit mit kop, jn dym soiny, vus zéit mit kop? vjj német myn di ćjjvy, vus zol avék śtéln dus iîdiśy folk of azá hoixer madraigy fjn dáas, raxmym jn tiféirys, az di jmys huoilym zoln zex mjzn uun haibn cj bakléirn véign jndz jn véign zex alain, jn djj zolst démlt – zaažy moixl, groiser got – méir niśt hubn kain brairy, nor an ék maxn cj jndzery cuurys, jn cj zaiery myhjmys, śikn dym goiyl céidyk of der vélt.

oi, vjj némt myn, vjj némt myn?

36 *Hilyl Caitlin (Hillel Zeitlin, 1871–1942, Nazi-Opfer): Aus einer Broschüre* Vus darf iïsruuyl tjjn in caat fjn xévly myśiiex? *(S. 7, Warschau 1934.)*

Vén ex kjk uun aly jndzery bésery jn tiifery ménćn, vi zai śtaiyn iéider in zaan śtuut ci śtéitl, farśtékt érgyc in a vinkl, vainyndik jn klugndik ofn gancn gyzélśaftlexn léibn jndzern, vus iz ict farvildyt gyvoorn, ii of di maasym tatjjym, vus véiern ict up gytjjn dorx di partaiyn, ii ofn finctern, bitern dalys, vus ést of aly iîdn, vaal ys iz baa jndz niśtuu kain kluger, niśtuu kain rixter, jn ys iz niśtuu véir ys zol a klap tjjn a finger uun a finger lytoivys dii biz cj béitleraa rúiniirty iîdiśy masn, xoć m ot in fljg azoifl farzorger (vaal byémys mjz véign dii farzorger gyzugt véirn: „iś lyvicoi mikucaihj“, ii of der gyzairys kylooiyn fjn hitlerizm; ii of der gyzairys kylooiyn fjnym komúnizm, vus vil of an ander oifn a sof jn an ék maxn cj der égzisténc fjn iîdn alc folk; ii of aly indzery inyvainiksty bavéigúngyn, vus der véig zaierer iz ofyner nacionalizm, jn bahaltyny asimilaciy iz der lécter poiyl ioicy – di up-mékjng fjnym cailym éloikim jn di upméking fjn cailym iïsruuyl.

vén ex zéi ot dii aly gjty ménćn vainyndik in di vinkalex, derman ex mex uun dym „vyhaimu boixym péisex huoiyl“ loutn bild fjnym *magyd*. . . .

37 *Anfang des Artikels* Bioxémiy *in der* Algymainy énciklopédiy *(Band 5, Sp. 363–364, New York 1944).*

Bioxémiy – déir tail fjn algymainer biologiy jn organiśer xémiy, vus farnémt zex mit ous forśn di xémiśy jn fizikaliś-xémiśy procésn in léibydiky organizmyn. jmytjm vj s iz faran léibn, kjmyn ksaider fuur xémiśy procésn: xémiśy farbindjngyn véiern ksaider cjśtéiert jn naaiy véiern gybout. leibydiky organizmyn zaanyn laboratoriys, vus faréndern xémiśy śtofn of azá oifn, az zai zoln zaan cjj gypast farn gybroux fjnym organizm. iéider léibydiker jn normal funkcioniirndiker organizm bout iény xémiśy farbindjngyn, vus zaanyn ym naitik, kydai of cj haltn di normaly fúnkcioniirjngyn fjn aly zaany organyn. vén der organizm iz nit bykoiex cj régúliirn zaany bioxémiśy procésn, démlt véiert in iim cjstéiert di xémisy glaax-vug, jn der poiyl-ioicy iz a patologiśer (krankhafter) cúśtand. mir kenyn di doziky érśáinúngyn baobaxtn baa ménćn, vus farliirn tailvaaz maxmys a gyviser siby (c. b. an uun-śtékúng mit śéidlexy bakteriys) dym kontrol iber dym śtof-baat.

38 *Iisruul Efroikin (Israel Jefroykin/Yefroykin, 1884–1954): Aus dem Kapitel* Tradiciy, caixns jn simboln *seines Buches* A xéźbn hanéifyś, *S. 172. (Paris 1948).*

Prjjvt zex ober xoć of ain réigy fuur śtéln dus ménćlexy léibn uun tradiciy, uun der ierjśy fjn friierdiky doirys. Dus antkaign śtéln tradiciy jn progrés (haist doch baa jndz a „progrésist" déier vus „halt niśt" fjn „altmodiśy" zaxn) iz niśt méir vi amracys, oder puuśyt – a náriśkait. kain śjm progrés, kain śjm vaater gain kén niśt gymuult zaan uun ierjśy. vén ys zol amuul of śtain a dor, vus zol byémys véln arup varfn fjn zex dym „iox fjn ierjśy", volt er zex gymjzt jm kéiern cjm cúśtand fjnym farhistoriśn hail-ménćn, fjn di trogloditn, jn cjrik gain cjm dźúngl.

éléktriś léxt iz a ierjśy, pjnkt vi banyn, éroplanyn, vi byklal aly giiter fjn jndzer civilizaciy. der dor, vus volt zex byémys up gyzugt fjn gaïstiker ierjśy, volt gydarft zex śafn a naaiy śprax, a naaiy visnśaft, a naaiy kúnct, mit ain vort – uun haibn fjn beraiśys. nor di ierjśy, materiéily jn gaïstiky, maxt byklal méiglex dym progrés fjn ménćlexn miin.

39 *Éliaizer Śindler (Eliëser Schindler, 1891–c. 1952):* A malxysdiky kroin *(Aus seinem Gedichtband* Iîdiś jn xsiidiś, *New York 1950, S. 81.)*

A malxysdiky kroin iz far jndz daan ol,
xoć guulys jn géto, xoć géily laty.
fjn brénydikn snéi héirn mir daan kol . . .
ainciker gotyniú, bist jndzer taty,
jn miir, di aibik gyroidyfty, daan bxor.
trugn mir mit hislaavysdiker fraid
daany léxtiky ljjxys, fjn dor cj dor,
of di vugl-véign fjnym aibikait . . .

Xorbn galiciy *(Ebda. S. 87)*

Di amuuliky iîdiśy xsiidiśy mydiiny,
maan gyvéizyny haim fjn di beskiidn
jn karpatn;
vj touznt muul touznt iîdn
obn zex raxmymdik gytjliyt
cj der śxiny,
vi sy tjliyn zex kinder
cjm tatn. –
vén véstj, got, śikn
a naaiym mykoinyn,
vus zol mit kinys bavainyn
di groisy akaidy

fjn daan gyklibyner aidy,
Avruums hailiker zumyn,
jm̃ gykjmyn cj axpern daan numyn
of galiciys farxuulymty ploinyn?!...

40 *Iïcxok Naxmyn Śtainberg (Isak Nachman Steinberg, 1888–1957): Aus einem Artikel* Cj a folkistiśer bavéigúng *(Aus der Zeitschrift* Ofn śvél, *Nr. 110/111, S. 2–3. New York 1955.)*

Azá oufgaby kén zaan der ciil fjn a naaier folkistiśer bavéigúng, vus zol gyśafn véirn dafky fjn di ménćn fjn haantikn dor. farśtait zex, az dus tuur niśt véiern nox a partai, a „folks-partai", vi amuul. ys mjz zaan a braity folks-bavéigúng, in vélexer ys kényn gyfinyn zaier plac frjmy in fraai-dénker, ciynistn jn búndistn, fraai-landistn jn iîdiśistn oder hebréïïstn. vuurn zai aly uun ousnam naitikn zex in der ljft fjn éxter iîdiśer folkstimlexkait, jn ys zényn faran draai gybiitn fjn léibn, in vélexy azá baléibjngs-procés mjz ous gyprúbiirt véiern. dus zényn di gybiitn fnj kúltúúr, fjn moral, fjn ékonomik.

Kurzes Literaturverzeichnis

Abkürzungen

Auf	Der Aufstieg
ACCS	American Contributions to the Fourth International Congress of Slavicists
AJP	American Journal of Philology
ALG	Archiv für Literaturgeschichte
ALH	Acta Linguistica Academiae Scientiarum Hungaricae
ASNS	Archiv für das Studium der neueren Sprachen
AUT	Acta Universitatis Turkuensis
B	Biblica
BarF	Essays on Jewish Life and Thought, presented in honor of Salo W. Baron
BGVJS	Beiträge zur Geschichte und Volkskunde der Juden in der Schweiz
BJV	Bayerisches Jahrbuch für Volkskunde
BiOr	Bibliotheca Orientalis
ČMF	Časopis pro Moderni Filologii
DuKr	Duitse Kroniek
DLZ	Deutsche Literaturzeitung
DM	Deutsche Mundarten
DPhA	Deutsche Philologie im Aufriß
DVJL	Deutsche Vierteljahrsschrift für Literaturwissenschaft und Geistesgeschichte

EM	Emuna
Eu	Euphorion
EG	Etudes Germaniques
EJB	Encyclopaedia Judaica (Berlin)
EJJ	Encyclopaedia Judaica (Jerusalem)
Fr	Die Freistatt
FF	Forschungen und Forschritte
FoY	The Field of Yiddish
G	Germanistik
GBr	Der Große Brockhaus
GDi	Germanische Dialektologie
GGA	Göttingische Gelehrte Anzeigen
GJ	Germania Judaica
GLL	German Life and Letters
GRM	Germanisch-Romanische Monatsschrift
He	Hebraica
HerF	Essays in honour of . . . J. H. Hertz
IBS	Intelligenz-Blatt, Beilage zum Serapeum
IFAISA	Indogermanische Forschungen, Anzeiger für Indogermanische Sprache und Altertumskunde
IGe	Indogermanica
IWS	Israelitisches Wochenblatt für die Schweiz
J	Der Jude
JAb	Jüdische Abende
JCh	Jewish Chronicle
JEGP	Journal of English and Germanic Philology
JakFF	For Roman Jakobson
JakFH	To honour Roman Jakobson

JFLF	Jahrbuch für fränkische Landesforschung
JGSLEL	Jahrbuch für Geschichte, Sprache und Literatur Elsaß-Lothringens
JJGL	Jahrbücher für jüdische Geschichte und Literatur
JJS	Journal of Jewish Studies
JL	Jüdisches Lexikon
JLNÖ	Jahrbuch für Landeskunde von Niederösterreich
JQR	Jewish Quarterly Review
JVLF	Jahrbuch für Volksliedforschung
JZg	Jüdische Zeitung
KapF	Mordecai M. Kaplan Jubilee Volume
KLL	Kindlers Literatur-Lexikon
LBDM	Lautbibliothek der deutschen Mundarten
LDMS	Lautbibliothek der deutschen Mundarten der Schweiz
LPo	Lingua Posnaniensis
Mus	Museum
MAJ	Mitteilungen aus dem Arbeitskreis für Jiddistik
MCA	Mélanges offerts a M. Charles Andler; Publications de la Faculté des Lettres de l'Université de Strasbourg
ME	Die Mundarten im Elsaß
MGJV	Mitteilungen der Gesellschaft für jüdische Volkskunde
MGWJ	Monatsschrift für Geschichte und Wissenschaft des Judentums
MM	Miscellanea Medievalia
MSL	Mémoires de la Sociéte de Linguistique de Paris
NGHG	Nachrichten der Gießener Hochschulgesellschaft

NJMH	Neue Jüdische Monatshefte
NPh	Neophilologus
On	Onoma
Orb	Orbis
OK	Ostkunde
OLZ	Orientalistische Literaturzeitung
OcOr	Occident and Orient
OW	Ost und West
Ph	Phonetica
PAPS	Proceedings of the American Philological Society
PBB	Beiträge zur Geschichte der Deutschen Sprache und Literatur
PrC	Problems of Communism
PFLL	Publications de la Faculté des Lettres et Sciences Humaines de l'Université de Clermont-Ferrand
PP	Philologica Pragensia
QEBG	Quellen und Erörterungen zur Bayerischen Geschichte
RDLG	Reallexikon der Deutschen Literaturgeschichte
REJ	Revue des Études Juives
RFF	Festschrift zum 75jährigen Bestehen der Realschule mit Lyzeum der Isrealitischen Religionsgesellschaft Frankfurt a. M.
RGG	Die Religion in Geschichte und Gegenwart
RL	Revue de Linguistique
RP	Romance Philology
RSL	Readings in the Sociology of Language
RSO	Rivista degli Studi Orientali

Sch	Der Schlern
Ser	Serapeum
StD	Studia Delitzschiana
SDMH	Süddeutsche Monatshefte
SDTTD	Schweizer Dialekte in Text und Ton . . . I. Deutsche Schweiz
SM	Studi Medievali
SOM	Studia Onomastica Monacenses, Kongreßberichte des VI. Internationalen Kongresses für Namenforschung
ShQ	Shakespeare Quarterly
T	Teuthonista
TPS	Transactions of the Philological Society
UI	Der Ungarische Israelit
UJE	Universal Jewish Encyclopedia
VID2	Verhandlungen des 2. Internationalen Dialektologenkongresses
VVPK	Veröffentlichungen des Vereins für Pfälzische Kirchengeschichte, Festschrift Biundo
W	Word
WWT	The Way We Think; A Collection of Essays from the Yiddish. [Hrsg.] J. Leftwich.
ZDA	Zeitschrift für Deutsches Altertum und Deutsche Literatur
ZDL	Zeitschrift für Dialektologie und Linguistik
ZDM	Zeitschrift für Deutsche Mundarten
ZDMG	Zeitschrift der Deutschen Morgenländischen Gesellschaft

ZDPh	Zeitschrift für Deutsche Philologie
ZDS	Zeitschrift für Deutsche Sprache
ZGJD	Zeitschrift für Geschichte der Juden in Deutschland
ZHDM	Zeitschrift für Hochdeutsche Mundarten
ZMF	Zeitschrift für Mundartforschung
ZMFB	Zeitschrift für Mundartforschung, Beiheft
ZOF	Zeitschrift für Ostforschung
ZPhAS	Zeitschrift für Phonetik und Allgemeine Sprachwissenschaft
ZVK	Zeitschrift für Volkskunde

Die folgende Liste bringt keine Werke in jiddischer Sprache.

I. Grundsätzliches

1 *Moritz Grünwald:* Über den jüdisch-deutschen Jargon, vulgo Kauderwälsch genannt. (UI 1876; Nachdrucke:) Budapest 1876, Prag 1888.

2 *Nathan Birnbaum:* Hebräisch und Jüdisch. (OW 2:457–464; 1902. Neudruck in 8, Bd. 1:301–307.)

3 – : Die Sprachen des jüdischen Volkes. (JAb 1:1–10; 1904; erweiterter Neudruck in 8, Bd. 1: 308–325.)

4 – : Für die jüdische Sprache. (JZg. 1; 1907. Neudruck in 8, Bd. 2:34–40.)

5 — : Eröffnungsrede auf der jüdischen Sprachkonferenz in Czernowitz, 1908. (Übersetzung in 8, Bd. 2:41–45.)
6 — : Der „Jargon“, 1909. (Übersetzung in 8, Bd. 2:46–51.)
7 — : Zum Sprachenstreit, Eine Entgegnung an Achad Haam. (8, Bd. 2 : 52–74.)
8 — : Ausgewählte Schriften zur jüdischen Frage. Czernowitz 1910.
9 *Hugo Bergmann:* Unsere Stellung zum Jüdischen. (1914; Neudruck in des Verfassers: Jawne und Jerusalem; 27–33; Berlin 1919.)
10 *Matthias Mieses:* Die Entstehungsursache der jüdischen Dialekte. Wien 1915.
– Siehe Nr. 22.
11 *Salomo A. Birnbaum:* Jiddische Sprache. (RGG 2. Aufl.; 3:172–175; 1929.)
12 Jiddische Rechtschreibung und Judentum. (Auf 1:113–114, 139; 1930.)
13 *Salomo A. Birnbaum:* Jewish Languages. (HerF: 51–67; 1944.)
14 *Franz J. Beranek:* Die Erforschung der jiddischen Sprache. (ZDPh 70:163–174; 1947/48.)
15 *Max Weinreich: Yidishkayt* and Yiddish: on the impact of religion on language in Ashkenazic Jewry. (KapF: 281–514; 1953; RSL: 382–413; 1968.)
16 *Franz J. Beranek:* Das Jiddische in Ost-Mitteleuropa als Aufgabe der deutschen Sprachwissenschaft. (ZOF 5:233–241; 1956.)
17 — : Deutsche und jiddische Philologie. (NGHG 30:127–139; 1961.)
18 *Max Weinreich:* The reality of Jewishness versus the ghetto myth: the socio-linguistic roots of Yiddish. (JakFH 3:2199–2211; 1967.)

18* *Solomon A. Birnbaum:* Judaism and Yiddish. (WWT 2:513–518; 1969.)

18a *Salomo A. Birnbaum:* Jewish Languages. (EJJ 10: 66–69; 1971)

18b *Florence Guggenheim-Grünberg:* Sprachen und schrieben die Zürcher Juden jiddisch am Ende des 14. Jahrhunderts? (Fragen des älteren Jiddisch, in: Trierer Beiträge, 1977, Sonderheft 2: 2f.)

II. Einführendes

19 *Richard Loewe:* Die jüdisch-deutsche Sprache. (OW 4:655–664; 1904.)

20 *Heinrich Loewe:* Die jüdisch-deutsche Sprache der Ostjuden: Ein Abriß; Im Auftrage des „Komitees für den Osten". Berlin Oktober 1915. Als Handschrift gedruckt.

21 — : Die jüdisch-deutsche Sprache der Ostjuden. (SDMH 13:711–719; 1916.)

22 — : Aus der Sprachgeschichte der Juden. (NJMH 3:219–230; 1919.)

23 *Salomo A. Birnbaum:* Die jiddische Sprache. (GRM 11:149–155; 1923.)

24 — : Jiddische Sprache. (JL 3:269–278; 1929.)

25 — : Jiddisch. (GBr 15. Aufl., 6:643; 1931.)

26 — : Jiddisch. (EJB 9:112–127; 1932.)

27 — : Yiddish. (UJE 10:598–601; 1943.)*

28 *Franz J. Beranek:* Jiddisch. DPhA 1551–1590:1952; 2. „überarbeitete Aufl." 1955–1957; „unveränderter Nachdruck" 1966–1967.)

* Unautorisierte Übertragung der Nr. 24. Sonderbare phonetische Angaben und absonderliche Schreibungen jiddischer Phoneme stammen offensichtlich von J. A. Joffe. Die Übersetzung – wohl auch von Joffe? – ist sehr schlecht und ungenau. Kürzungen, Änderungen und Zusätze stehen im Widerspruch mit den Intentionen des Verfassers.

29 *Max Weinreich:* History of the Yiddish language: the problems and their implications. (PAPS 103 : 563–570; 1959.)

30 *William B. Lockwood:* Yiddish. (An informal history of the German language; with chapters on Dutch and Afrikaans, Frisian and Yiddish: 235–264, 1965.)

31 *Hans P. Althaus:* Die jiddische Sprache; Eine Einführung. (GJ N. F. 14, Jg. 4 : 1–23; 1965; N. F. [23], Jg. 7 : 1–24; 1968.)

32 — : Die Jiddistik, Umriß einer Wissenschaft. (Em 2 : 248–256; 1967.)

33 *Franz J. Beranek:* Die jiddische Sprache. (OK 1968?)

34 *Hans P. Althaus:* Die Erforschung der jiddischen Sprache. (GDi = ZMFB N. F. 5 : 224–263; 1968.)

35 *Uriel Weinreich:* Yiddish language. (EJJ 16 : 789–798; 1971.)

35a *Otto F. Best:* Mameloschen; Eine Sprache und ihre Literatur. Frankfurt/M 1973.

35b *Hans P. Althaus:* Die Kunst der Paraphrase: Otto F. Best über das Jiddische. (ZDL 41: 318–337; 1974)

35c *Josef Weißberg:* Nochmals: ‚Die Kunst der Paraphrase;‘ Zu H. P. Althaus’ bedenklicher Kritik. (ZDL 54: 54–62; 1976)

35d *Salomo A. Birnbaum:* Yiddish — A survey and a grammar. Toronto 1979.

35e *Max Weinreich:* History of the Yiddish language. Translated [aus dem Jiddischen] by Shlome Noble. With the assistance of Joshua A. Fishman. Chicago 1980.

III. Grammatisches

36 *Lazar Şăineanu (Schein):* Studiu dialectologic asupra graiului evreo-german, Bukarest 1889. [Des Verfassers

erweiterte Übersetzung:] *Lazar Sainéan:* Essai sur le judéo-aalemand et spécialement sur le dialecte parlé en Valachie. (MSL 12; 90–138, 176–196; 1903.)

37 *Leo Wiener:* On the Judaeo-German spoken by the Russian Jews. (AJP 14:41–67; 1893.)

38 *Alfred Landau:* Das Deminutivum der galizisch-jüdischen Mundart. (DM 1 : 46–58; 1896.)

– Siehe Nr. 57.

39 *H. Bourgeois:* Petite grammaire judéo-allemande a l'usage des personnes qui désirent s'initier à la langue des juifs de Russie, Galicie et Roumanie. (RL 1912–1913; Buchausgabe, Paris 1913.)

40 *Salomo A. Birnbaum:* Praktische Grammatik der jiddischen Sprache für den Selbstunterricht; mit Lesestücken und einem Wörterbuch. (Vorwort 1915.) Wien 1918; 4. Aufl.: Grammatik der jiddischen Sprache, mit einem Wörterbuch und Lesestücken. Hamburg 1984. [Besprechungen s. Nr. 41, 44, 45.] [Enthält Bibliographie.]

41 *Felix Perles:* [Besprechung der Nr. 40.] (OLZ 23:163–164; 1920.)

42 *Matthias Mieses:* Die jiddische Sprache; Eine historische Grammatik des Idioms der integralen Juden Ost- und Mitteleuropas. Wien 1924. [Besprechung s. Nr. 241.]

43 *Mordche Schaechter:* Aktionen im Jiddischen; Ein sprachwissenschaftlicher Beitrag zur vergleichenden Bedeutungslehre des Verbums. [Dissertation Wien 1951.]

44 *Hans P. Althaus:* [Besprechung der Nr. 40.] (GJ N. F. 18; 5 : 25; 1966.)

45 *Walter Röll:* [Besprechung der Nr. 40.] G 7 : 522–523; 1966.)

45a *Meyer Wolf:* Contributions to a transformational grammar of Yiddish. (Working Papers in Yiddish and East European Jewish Studies 4; 1974)

45b *Vera Lockwood Baviskar:* Negation in a sample of seventeenth century Western Yiddish (Ibid. 14; 1975)
45c *Walter Röll:* Die Pluralbildung im Jiddischen und im Deutschen (Akten des Internationalen Germanisten-Kongresses V: 211–220; 1976)
45d Siehe Nr. 35c.

IV. Elemente

46 *Leo Wiener:* On the Hebrew element in Slavo-Judaeo-German. (He 10:175–187; 1894.)
47 *Jacob Gerzon:* Die jüdisch-deutsche Sprache; Eine grammatisch-lexikalische Untersuchung ihres deutschen Grundbestandes. Frankfurt a. M. 1902. [Besprechungen s. Nr. 48, 49.]
48 *Alfred Landau:* [Besprechung der Nr. 47.] (ZDPh 36: 262–268; 1904.)
49 *Richard Loewe:* [Besprechung der Nr. 47.] (IFAISA 16: 43–50; 1904.)
50 *Salomo A. Birnbaum:* Das hebräische und aramäische Element in der jiddischen Sprache. [Dissertation Würzburg 1921.] Leipzig 1922. [Besprechung s. Nr. 51–53.] Nachdruck m. e. Nachw. v. W. Röll, Hamburg 1986.
51 *Sigmund Feist:* [Besprechung der Nr. 50.] (ZDMG 18: 141; 1923.)
51* *A. Koller:* [Besprechung der Nr. 50.] (JEGP 33:156–159; 1924.)
52 *Jonas E. Polak Jz.* [Besprechung der Nr. 50.] (Mus 31: 149–151; 1924.)
53 *Willy Staerk:* [Besprechung der Nr. 50.] (OLZ 27:655; 1924.)
54 *Haim Blanc:* The Yiddish language: A survey of its Slavic elements. [Bakkalaureatdissertation der Harvard University 1948.]

55 *Moshe Altbauer:* Zum Rückgang der Slavismen im literarischen Jiddisch. (VID2 = ZMFB N. F. 3 : 14–18; 1965.)
55a *Mordecai Kosover:* Arabic elements in Palestinian Yiddish; The old Ashkenazic Community in Palestine, its history and its language. Dissertation, Johns Hopkins University, 1947, Jerusalem 1966.
55b *J. Bihari:* Zur Erforschung des slawischen Bestandteils des Jiddischen (ALH 19: 157–159; 1969)
55c *Paul Wexler:* A mirror image comparison of languages in contact. (Linguistics Nr. 82: 89–123; 1972)
55d *R. Lötzsch:* Slawische Elemente in der grammatischen Struktur des Jiddischen. (Zeitschrift für Slawistik 19: 446–459; 1974)

V. Lautwesen

56 *Pauline M. Fleiß:* Das Buch Simchath Hanefesch von Henele Kirchhain aus dem Jahre 1727; Reimuntersuchung als Beitrag zur Kenntnis der jüdisch-deutschen Mundarten. [Dissertation Bern 1913.] Bern 1913.
57 *Edward Sapir:* Notes on Judaeo-German phonology. (JQR N. F. 6 : 231–266; 1915; Neudruck in des Verfassers: Selected writings in language, culture and personality: 252–272. Berkeley and Los Angeles 1949.)
58 *Salomo A. Birnbaum:* Übersicht über den jiddischen Vokalismus. (ZDM 18 : 122–130; 1923.)
59 *Bruno Korman:* Die Reimtechnik der Esther-Paraphrase Cod. Hamburg 144. [Dissertation Hamburg.] Kolomea 1930.
60 *Salomo A. Birnbaum:* Das älteste datierte Schriftstück in jiddischer Sprache. (PBB 56 : 11–22; 1932.)
61 — : Die Umschrift des Jiddischen. (T 9 : 90–105; 1933.)
62 *Florence Guggenheim-Grünberg:* Ein deutscher Urfehde-

brief in hebräischer Schrift aus Zürich vom Jahre 1385. (ZMF 22:207–214; 1955.)

63 *Uriel Weinreich:* Notes on the Yiddish rise-fall intonation. (JakF: 633–643; 1956.)

64 *Florence Guggenheim-Grünberg:* Zur Umschrift deutscher Mundarten des 14./15. Jahrunderts mit hebräischer Schrift. (ZMF 24 : 229–246; 1957.)

65 *Hans Neumann:* Sprache und Reim in den judendeutschen Gedichten des Cambridger Codex T.-S. 10. K. 22 (IGe: 145–165; 1960.)

66 *Siegmund A. Wolf:* Studien zum Vokalismus des älteren Jiddischen. (Ph 8 : 31–54; 1962.)

67 *Josef Weissberg:* The vowel system of MS Cambridge T.-S. 10. K. 22 compared with Middle High German. (JJS 14 : 37–51; 1963.)

68 — : Das Konsonantensystem des „Dukus Horant" und der übrigen Texte des Cambridger Manuskripts T.-S. 10. K. 22, verglichen mit dem Mittelhochdeutschen. (ZMF 32 : 1–40; 1965.)

69 *Franz J. Beranek:* Zur Geschichte des jiddischen Vokalismus. (ZMF 32 : 260–274; 1965.)

70 *Walter Röll:* Zum Konsonantensystem der Cambridger Handschrift. (ZMF 33 : 144–146; 1966.)

71 *Josef Weissberg:* Johann Christof Wagenseils „Bericht/ Wie das Jůdisch-Teutsche zu lesen". (ZDS 25 : 154–168; 1969.)

71a *M. Gernot Heide:* Graphematisch-phonematische Untersuchungen zum Altjiddischen. Bern/Frankfurt 1974 = European University Papers. Series 1, vol. 106.

71b *Joan G. Bratkowsky:* Palatalization in Yiddish. (Working Papers . . . [s. Nr. 45a] 7: 1-23; 1975)

71c *James L. Haines:* Proto-Yiddish and the history of Yiddish phonology (Ibid., Nr. 9; 1975)

71d *M. Gernot Heide:* Die h-Graphen im älteren Jiddisch. (Fragen . . . [s. Nr. 18b] 4–15; 1977)

VI. Mundarten. Regionales

72 *C. Th. Weiss:* Das Elsässer Judendeutsch. (JGSLEL 12 : 121–182; 1896.)

– Siehe Nr. **185.**

73 *Eduard Halter:* Die Mundart der Juden (Judendeutsch). (ME: 115–121; Straßburg 1908.)

– Siehe Nr. **131, 108–110.**

74 *Honel Meiss:* Traditions populaires alsaciennes; A travers le dialecte judéo-alsacien. Nizza 1923.

75 *Paul Lévy:* Histoire linguistique d'Alsace et de Lorraine: [passim, siehe Register, S. 545, unter Judéo-allemand]. Paris 1929.

76 *Salomo A. Birnbaum:* [Besprechung des „Jiddischen Sprachatlas der Sowjetunion" von Leiser Wilenkin.] (T 9: 179–181; 1933.)

77 *Franz J. Beranek:* Die jiddische Mundart Nordostungarns. Brünn 1941.

78 – : Sprachgeographie des Jiddischen in der Slowakei. (ZPhAS 3: 25–46; 1949.)

79 *Florence Guggenheim-Grünberg:* Die Sprache der Schweizer Juden von Endingen und Lengnau. (IWS 1950; Nachdruck: BGVJS 1; 1954.)

80 *R. M. Copeland:* The language of Hertz's Esther: A study in Judeo-German dialectology. [Dissertation Harvard University 1951.]

81 *Uriel Weinreich:* Sabesdiker losn in Yiddish: A problem of linguistic affinity. (W 8 : 360–377; 1952.)

82 *Franz J. Beranek:* Das Pinsker Jiddisch und seine Stellung im gesamtjiddischen Sprachraum. Berlin 1958.
83 *Florence Guggenheim-Grünberg:* Zur Phonologie des Surbtaler Jiddischen. (Ph 2 : 86–108; 1958.)
84 — : Gailinger Jiddisch. (LDMS 22.) Göttingen 1961.
85 *Franz J. Beranek:* Die fränkische Landschaft des Jiddischen. (JFLF 21 : 267–303; 1961.)
86 *Jean Jofen:* A linguistic atlas of Eastern European Yiddish. New York 1964.
87 *Franz J. Beranek:* Westjiddischer Sprachatlas. Marburg/Lahn 1965.
88 *Marvin I. Herzog:* The Yiddish language in northern Poland; Its geography and history. Bloomington 1965.
88a *J. Bihari* und *S. Rak:* Besprechung der Nr. 88. (ALH 24: 410–417; 1974)
89 *Joshua A. Fishman:* Yiddish in America; Socio-linguistic description and analysis. Bloomington 1965.
90 *Florence Guggenheim-Grünberg:* [Besprechung der Nr. Nr. 87.] (ZMF 33 : 353–357; 1966.)
91 *Leopold Schnitzler:* Prager Judendeutsch; Ein Beitrag zur Erforschung des älteren Prager Judendeutsch in lautlicher und insbesondere in lexikalischer Beziehung. [Dissertation Prag 1922.] Gräfelfing bei München 1966.
92 *Mordecai Kosover:* Arabic elements in Palestinian Yiddih; The old Ashkenazic community in Palestine, its history and its language. Jerusalem 1966.
93 *Salomo A. Birnbaum:* [Besprechung der Nr. 87.] (BiOr 24 : 361–363; 1967.)
94 *C. J. Hutterer:* Geschichte des Vokalismus der westjiddischen Mundart von Ofen und Pest. (ALH 17 : 345–382; 1967.)
95 *Franz J. Beranek:* Zum westjiddischen Sprachatlas. (ZMF 35 : 146–148; 1968.)

96 *Florence Guggenheim-Grünberg:* Erwiderung [auf Nr. 95]. (ZMF 35 : 148–149; 1968.)

97 *Halina Kozlowski:* Zur Forschungsgeschichte der jiddischen Dialekte. (LPo 12–13 : 135–146; 1968.)

98 – : [Besprechung der Nr. 88.] (LPo 12–13 : 199–203, 1968.)

99 *Hertha Wolf-Beranek:* Bemerkungen zum Prager Judendeutsch. [Besprechung der Nr. 91.] (ZOF18 : 90–92; 1969.)

100 *Milton Doroshkin:* Yiddish in America; Social and cultural foundations. Rutherford 1970.

101 *Jechiel Bin-Nun (Jechiel Fischer):* Jiddisch und die deutschen Mundarten. Unter besonderer Berücksichtigung des ostgalizischen Jiddisch. Tübingen 1972.

101a *Florence Guggenheim-Grünberg:* Jiddisch auf alemanischem Sprachgebiet. Zürich 1973.

101b *Hans P. Althaus:* Examples of a contrastive dialectology of Western Yiddish and German dialects. (World Congress of wish Studies, Papers 5:4:1–16; 1973)

101c *Salomo Birnbaum:* Soviet Yiddish. (Soviet Jewish Affairs 9: 31–41; 1979)

VII. Wortschatz

– Siehe Nr. 73 : 47–68: Glossar.

– Siehe Nr. 47 : 83–129: Glossar.

– Siehe Nr. 160 : 1–84: Glossar.

102 Ed. Naschér: Das Buch des jüdischen Jargons; nebst einem Anhang Die Gauner- oder die „Kochemersprache“, mit Quellennachweis u. Erklärungen. Wien 1920.

– Siehe Nr. 131 : 115–133: Glossar.

103 *Paul Abelson* (Red.): English-Yiddish Encyclopedic Dictionary. New York 1915.

104 *Jonas L. Voorzanger en Jonas E. Polak Jz.:* Het Joodsch in Nederland; Aan het Hebreeuwsch en andere talen ontleende woorden en zegswijzen, verzameld en toegelicht. Amsterdam 1915. [In Umschrift.]

105 *Hermann L. Strack:* Jüdisches Wörterbuch, mit besonderer Berücksichtigung der gegenwärtig in Polen üblichen Ausdrücke. Leipzig 1916.

106 *K. Schulz:* Deutsch-jiddisches Wörterbuch. Warschau 1916.

– Siehe Nr. 40 : 102–181: Wörterbuch.

107 *Oberbefehlshaber Ost:* Sieben-Sprachen-Wörterbuch; Deutsch/Polnisch/Russisch/Weißruthenisch/Litauisch/Lettisch/Jiddisch. Leipzig 1918.

108 *Emmanuel Weill:* Le Yidisch Alsacien-Lorrain; Recueil de mots, locutions et dictons particuliers aux Israélites d'Alsace et de Lorraine. (REJ 70 : 180–194; 1920; 71 : 66–88, 1920; 72 : 65–88; 1921,)

109 *Nathan Porges:* Remarques sur le yidisch Alsacien-Lorrain [zu Nr. 108]. (REJ 72 : 192–200; 1921.)

110 *Emmanuel Weill:* Quelques remarques sur les remarques précédentes. [Zu Nr. 109.] (REJ 72 : 201–202; 1921.)

111 *Paula Horowitz:* [Liliput-Wörterbuch] Yiddish-Englisch. Leipzig ca. 1925/6. [Besprechung siehe Nr. 241.]

112 *Zina Horowitz:* Liliput Dictionary English-Yiddish. Leipzig ca. 1925/6. [Besprechung siehe Nr. 241.]

112* *Salomo A. Birnbaum:* [Besprechung der Nr. 104.] (T 2 : 70; 1926.)

113 *K. Benyovszky* und *J. Grünsfeld:* Glossar in ihren „Preßburger Ghettobildern", Preßburg 1932.

– Siehe Nr. 243, 245.

114 *Eugen L. Rapp:* Schum. (VVPK BF Mainz 1952.)

115 Wagnall's new practical standard dictionary of the English language. S. 1539–1944: Britannica World Language Dictionary [für Französisch, Deutsch, Italienisch, Spanisch,

Schwedisch, Jiddisch]. 1627–1895: English to other languages; 1896–1944: Yiddish to English. David Graubart und Ezra Perkal. New York 1954.
– Siehe Nr. 258.
116 *Siegmund A. Wolf:* Jiddisches Wörterbuch; Wortschatz des deutschen Grundbestandes der jiddischen (jüdischdeutschen) Sprache. Mannheim 1962.
117 *Raphael Edelmann:* Ordliste [in seiner „Jiddisch Krestomati": 7–20]. Kopenhagen 1966.
– Siehe Nr. 92 : 137–377: [Wörterverzeichnisse.]
– Siehe Nr. 182: Vokabularium
118 *H. Beem:* Sche'eriet; Resten van een taal; Woordenboekje van het Nederlandse Jidisch. Assen 1967.
119 *Hans P. Althaus:* Probleme und Ergebnisse der jiddischen Lexikographie. (ZMF 35 : 320–332; 1968.) [B]
120 *Uriel Weinreich:* Modern English-Yiddish, Yiddish-English Dictionary. New York 1968.) [Besprechung siehe Nr. 121.]
121 *Robert D. King:* [Besprechung der Nr. 120.] (JEGP 68 : 465–466; 1969.)
122 *Werner Weinberg:* Die Reste des Jüdischdeutschen. (StD 12.) Stuttgart 1969. [Besprechungen siehe Nr. 123 und 125. [B]
123 *Walter Röll:* [Besprechung der Nr. 122.] (G 11 : 256–257, Nr. 1481; 1970.)
124 *Lillian M. Feinsilver:* The taste of Yiddish. New York 1971.
125 *Pavel Trost:* [Besprechung der Nr. 122.] (ZDL 38 : 244; 1971.)
125a *Joseph A. Weingarten:* A dictionary of Yiddish idioms, including proverbs and selected words; Completely in transliteration. Pt. 1. Brooklyn 1974.
125b *Vera Lockwood Bavikar:* Gol and hoyl: The geographical dis-

persion and semantic specialization in Yiddish of variants of a comman Slavic lexical item. (Working Papers . . . [see Nr. 45a] 7; 24–37; 1975)

125c *Florence Guggenheim-Grünberg:* Wörterbuch zu Surbtaler Jiddisch. Zürich 1976.

125d *Wulf-O. Dreessen:* Zur altjiddischen Synonymik. (Fragen . . . [s. Nr. 18b] 1976.)

125e *Klaus Cuno:* Aschkenasische Familiennamen des 12.–15. Jahrhunderts. (Judaica, 1977)

VIII. Texte in Umschrift*

A. Aus älteren Zeiten

126 *Johann Ch. Wagenseil:* Belehrung der juͤdisch-Teutschen Red- und Schreibart . . . . Königsberg 1699; Frankfurt a. M. 1715; ibid. 1737.

127 *Johann J. Schudt:* Juͤdische Merckwuͤrdigkeiten . . . . Frankfurt a. M. 1710–1718; 3 : 1–82, 202–327; 4 : 81–192; Berlin 1922.

128 *Max Grünbaum:* Jüdischdeutsche Chrestomatie; Leipzig 1882.

* Texte in einwandfreier Umschrift sind äußerst selten. In den in Abteilung A angeführten Veröffentlichungen wird der Unterschied zwischen buchstabengetreuer und phonemischer Umschrift, zwischen Transliteratur und Transkription, kaum je begriffen oder, wenn verstanden, nicht genau beachtet. Selbst Wiedergabe in der normierten Schreibung der Germanistik ist häufig. In der Abteilung B sind gute Umschriften ebenfalls äußerst selten. Die Regel ist unsystematische oder in verschiedenem Grade angedeutschte oder sogar einfach deutsche Schreibung.

Es ist verfehlt, es dem Laien oder gar dem Germanisten „leichter machen" zu wollen und ihm dadurch die Tatsachen und Probleme zu verschleiern oder ihn gänzlich verhindern, sie zu sehen.

129 *Felix Rosenberg:* Über eine Sammlung deutscher Volks- und Gesellschaftslieder in hebräischen Lettern. (ZGJD 2 : 232–296; 1888; 3 : 14–28; 1889.)

130 *Moritz Güdemann:* Quellenschriften zur Geschichte des Unterrichts und der Erziehung bei den deutschen Juden: passim. Berlin 1891.

131 *Alfred Landau:* Jüdische Privatbriefe aus dem Jahre 1619; Nach den Originalen des k. u. k. Haus-, Hof- und Staats-archivs . . . Wien 1911.

132 *Leo Landau:* Arthurian legends; The Hebrew-German rhymed version of the legend of King Arthur. Leipzig 1912. [Besprechung siehe Nr. 186.]

133 — : A Hebrew-German (Judeo-German) paraphrase of the Book of Esther of the fifteenth century. (JEGP 18 : 497–555; 1919.)

— Siehe Nr. 20.

134 *Willy Staerk und Albert Leitzmann:* Die jüdisch-deutschen Bibelübersetzungen, von den Anfängen bis zum Ausgang des 18. Jahrhunderts; Nach Handschriften und alten Drucken dargestellt. Frankfurt a. M. 1924. [Besprechungen siehe Nr. 187, 188.]

135 *Leo Landau:* Der jiddische Midrasch Wajoscha. (MGWJ 72, N. F. 36 : 601–621; 1928.)

136 *Meier Schüler:* Beiträge zur Kenntnis der alten jüdisch-deutschen Profanliteratur. (RFF: 79–132. Frankfurt a. M. 1928.)

137 *Salomo A. Birnbaum:* Umschrift des ältesten datierten jiddischen Schriftstücks. (T 8 : 197–207; 1932.)

138 — : Die jiddische Psalmenübersetzung. (Hans Vollmer u. a.: Die Psalmenverdeutschung von den ersten Anfängen bis Luther . . . Mit einem Sonderabschnitt „Die jiddische Psalmenübersetzung“ von Salomo Birnbaum: 4–5, 8–9, 19, Tabelle II–IIIa. Potsdam 1932.)

139 *Leo Fuks:* The oldest known literary documents of

Yiddish literature (c. 1382). Leiden 1957. [Besprechungen: 197–199, 201–205, 207–210.]

– Siehe Nr. **298.**

140 *Salomo A. Birnbaum:* Übersetzungen der hebräischen Texte und Umschriften der altjiddischen Texte. (QEBG N. F. 18: Raphael Straus: Urkunden und Aktenstücke zur Geschichte der Juden in Regensburg 1453–1738; S. 455–462. München 1960.)

– Siehe Nr. **268.**

141 *Pavel Trost:* Zwei Stücke des Cambridger Kodex T.-S. 10. K. 22. (PP 4 : 17–24; 1961.)

– Siehe Nr. **299, 300.**)

142 *Franz J. Beranek:* Das Rätsel des Regensburger Brückenmännchens. (BJV 1961 : 61–68.)

143 *James W. Marchand* and *Frederic C. Tubach:* Der keusche Joseph; Ein mitteldeutsches Gedicht aus dem 13.–14. Jahrhundert; Beitrag zur Erforschung der hebräisch-deutschen Literatur. (ZDPh 81 : 30–52; 1962.)

144 *Eli Katz:* Six Germano-Judaic poems from the Cairo Genizah. [Dissertation Los Angeles 1963.]

145 *William B. Lockwood:* Die Textgestaltung des jüngeren Hildebrandliedes in jüdisch-deutscher Sprache. (PBB 85 : 433–447; 1963.)

146 *Peter F. Ganz/Frederick Norman/Werner Schwarz:* Dukus Horant; Mit einem [paläographischen] Exkurs von S. A. Birnbaum. Tübingen 1964. [Besprechungen: 224–226, 228, 229, 233.]

147 *Heikki J. Hakkarainen:* Studien zum Cambridger Codex T.-S. 10. K. 22; I. Text (AUT Ser. B, Tom. 104.) Turku 1967 [Besprechung: 234] 2. Graphemik und Phonemik. Ibid. Tom. 174. 1971. [Besprechung: W. Röll, 913: 101–2; 1972]

148 *Percy Matenko/Samuel Sloan:* The Aqedath Jiṣḥaq; A sixth century epic; With introduction and notes. (Percy

Matenko. Two studies in Jewish culture. I.) Leiden 1968

149 *Wulf-O. Dreessen:* Akêdass Jizḥak; Ein altjiddisches Gedicht über die Opferung Isaaks; Mit Einleitung und Kommentar kritisch herausgegeben. [Dissertation 1970.] Hamburg 1971.

149a *Walter Röll:* Zu den ersten drei Texten der Cambridger Handschrift von 1382/1383. (ZDA 104: 54–68; 1975)

149b *Erika Timm:* Beria und Simra. Eine jiddische Erzählung des 16. Jahrhunderts. (Literaturwissenschaftliches Jahrbuch 14: 1–94; 1975). „Text und literarhistorischer Kommentar."

B. Aus neuerer Zeit

150 *Gustaf H. Dalman:* Jüdischdeutsche Volkslieder aus Galizien und Rußland. Leipzig 1888, 2. Aufl. 1891.

151 *Am* / später: *Der / Urquell:* 1892–1897, enthält eine Anzahl von Folkloretexten verschiedener Transkriptoren.

152 *Mitteilungen der Gesellschaft für jüdische Volkskunde / Mitteilungen zur jüdischen Volkskunde 1897–1922. Jahrbücher für jüdische Volkskunde.* 1923–1925 [Enthalten viel Folklorematerial in Umschrift.]

153 *Leo Wiener:* Morris Rosenfeld; Songs from the ghetto; With prose translation, glossary and introduction. Boston 1898; New and enlarged edition, Boston 1900.

154 *Theodor Gartner:* Texte in Bukowiner Judendeutsch. (ZHDM 2 : 277–281; 1901.)

155 *Saul Ginsburg* und *Piotr Marek:* Jewrejskija narodnija pjesni w rosiji. [Jüdische Volkslieder in Rußland.] St. Petersburg 1901. [Texte in Lateinschrift.]

156 *Wolf Ehrenkranz:* Makel Noam, Jüdische Volkslieder vün Wolf Zbarzer Ehrenkranz, Braila 1902. [Umschrift des Herausgebers, Jacob Sotec.]

157 *Jacob Sotec:* [Feuilletons] (Cronica Israelita, 1902 ff., Curierul Israelit 1906? , 1908 ff.; Bukarest.)

158 *Nathan Birnbaum:* [Umschrift von jiddischen Gedichten verschiedener Verfasser.] (JVB 1905, Nr. 12 und 26 März–Juli.)

159 *Salamon Dembitzer:* Lebensklangen, Kassel 1907; Verloirene Welten, Berlin 1910; Vun meine Täg, Frankfurt a. M. 1911; Wolken Antwerpen 1912; Schwarze Blätter, Berlin 1913.)

160 *Ignaz Bernstein:* Jüdische Sprichwörter und Redensarten; Gesammelt und erklärt . . . Warschau 1908. [Originaltext und Umschrift.] 2. Aufl. Einleitung H. P. Althaus.

161 *Mixl Kaplan* un *Berl Botwinik:* Unzer Shrift; Zhurnal far lıteratur un kúnst. New York 1912.

162 *Salomo A. Birnbaum:* Jiddische Dichtung. (Fr 1 : 56–62, 123–126, 188–192, 250–254, 327–330, 395–398, 464–469, 535–538, 593–597, 726–727; 1913.)

— Siehe Nr. 39, 104, 20.

163 *Hermann L. Strack:* Jüdischdeutsche Texte; Lesebuch zur Einführung in Denken, Leben und Sprache der osteuropäischen Juden. Leipzig. 1917.

164 *Fritz M. Kaufmann:* Die schönsten Lieder der Ostjuden. Berlin 1920; 2. Aufl. 1935.

165 *Honel Meiss:* Choses d'Alsace; contes d'avant-guerre, 1913. Nizza 1920.

166 *Immanuel Olŝvanger:* Rosinkess mit Mandlen; Aus der Folksliteratur der Ostjuden; Schwänke, Erzählungen, Sprichwörter, Rätsel. Basel 1920; 2. „völlig veränderte und vermehrte Auflage“, 1931; Faksimiledruck, Zürich 1964. [Siehe Nr. 184.]

167 *Salomo A. Birnbaum:* [Umschrift in:] (Jüdische Volkslieder, [Musik] bearbeitet von Arno Nadel.) Berlin 1921; Heft 2, 2. Aufl. 1923.

168 *Berty Friesländer-Bloch:* Ein Donnerstagmorgen vor der

Metzg. In der Rasierstube. 1928.

169 *Chain Ginninger et al:* Naje jidiśe dichtung; Klejne antologie. Czernowitz 1934.

170 *Dos Fraje Wort;* Organ fun di bafrajte jidn in Feldafing, 1945.

171 *Ojf der Fraj;* Arojsgegebn in center fun di bafrajte jidn in Sztutgart. 1946.

172 *Admonter Hajnt:* Cwejwochnszrift funem UNRRA-Lager Admont. 1946.

173 *Immanuel Olŝvanger:* Röjte Pomerantsen, 1947.

174 *Berty Friesländer-Bloch:* Vier Woche lang vor Purem, 1950. 's Lenile und 's Mathildile, 1952; Gailingen.

175 *Chanah Milner:* Het jiddische hart zingt; Muziek en tekst, met inleiding, vertaling en toelichting . . . Haag 1960.

– Siehe Nr. 84.

– Siehe Nr. 143.

177 *Jehuda L. Frank:* Loschen hakodesch; Jüdisch-deutsche Ausdrücke, Sprichwörter und Redensarten der Nassauischen Landsjuden. 1961; 2. Aufl. Cholon 1962.

178 *Elsbeth Janda* und *Max M. Sprecher:* Lieder aus dem Ghetto; 50 Lieder, jiddisch und deutsch. München 1962.

– Siehe Nr. 303.

179 *Je länger ein Blinder lebt, desto mehr sieht er.* Jiddische Sprichwörter. Frankfurt a. M. 1965.

180 *Florence Guggenheim-Grünberg:* Surbtaler Jiddisch; Endingen und Lengnau . . . Anhang: Jiddische Sprachproben aus Elsaß und Baden . . . (SDTTD 4.) Frauenfeld 1966.

181 *Lin Jaldati* und *Eberhard Rebling:* Es brennt, Brüder, es brennt; Jiddische Lieder. Berlin (DDR) 1966.

182 *Arthur Zivy:* Elsasser Jiddisch; Jüdisch-deutsche Sprichwörter und Redensarten; gesammelt und glossiert (mit Vokabularium). Basel 1966.

182* *Immanuel Olšvanger:* L'chajim. Jewish wit and humor. New York 1969.

183 *H. Beem:* Jerosche, Jiddische spreekwoorden en zegswijzen uit het Nederlandse taalgebied; Verzameld, ingeleid en toegelicht. Assen 1959; 2. gewijzigde en aangevulde druk. *Titel hier:* Jerŏsche (Erfenis) 1970.

184 *Susanne Thieme:* Rosinkess mit Mandlen; Glossar und Forschungsbericht zu einer jiddischen Schwanksammlung; Dissertation . . . Basel 1970. Riehen 1971. [Siehe Nr. **166.**]

IX. Über Texte

– Siehe Nr. **126–149.**

185 *Alfred Landau:* Die Sprache der Memoiren Glückels von Hameln. (MGJV 1901 Heft 7 : 20–68.

186 *Theodor Frings:* [Besprechung der Nr. 132.] (DLZ 35 : 1508; 1914.)

187 *Salomo A. Birnbaum:* [Besprechung der Nr. **134.**] (GRM 12 : 318–319; 1924.)

188 *Nathan Porges:* [Besprechung der Nr. **134.**] (J 9 : 249–255; 1924.)

– Siehe Nr. **59, 60, 62.**

189 *Leo Fuks:* The oldest literary works in Yiddish in a manuscript of the Cambridge University Library. (JJS 4 : 176–181; 1953.)

190 – On the oldest dated work in Yiddish literature. (FoY 1 : 267–274; 1954.)

191 *Chain Ginninger:* A note on the Yiddish Horant. (FoY 1 : 275–277; 1954.)

193 *Frederick Norman:* Remarks on the Yiddish Kudrun. (JJS 5 : 85–86; 1954.)

194 *Franz J. Beranek:* Neues zur jiddischen Gudrunhandschrift. (MAJ 1 : 49–52; 1956.)
195 *Erich J. Thiel:* Zur Cambridger jiddischen Gudrunhandschrift. (MAJ 1 : 34–36; 1956.)
196 *Leo Fuks:* The oldest known literary documents of Yiddish literature. Leiden 1957. [Besprechungen: 197–199, 201–205, 207–210.]
197 *Peter F. Ganz:* [Besprechung der Nr. **196.**] (JJS 8 : 246–248; 1957.)
198 *J. Carles:* Un fragment judéo-allemand du cycle du ‚Kudrun'. [Besprechung der Nr. **196.**] (EG 13 : 348–351; 1958.)
199 *Leonard Forster:* Ducus Horant. [Besprechung der Nr. **196.**] (GLL 11 : 276–285; 1958.)
200 *Peter F. Ganz:* Dukus Horant – An early Yiddish poem from the Cairo Genizah. (JJS 9 : 47–62; 1958.)
201 *Karl Habersaat:* [Besprechung der Nr. **196.**] (B 39 : 526–527; 1958.)
202 *Frederick Norman:* [Besprechung der Nr. **196.**] (JCh 21. 2. 1958.)
203 *Gottfried Schramm:* [Besprechung der Nr. **196.**] (GGA 212 : 211–221; 1958.)
204 *Werner Schwarz:* Einige Bemerkungen zur jiddischen Gudrun. [Besprechung der Nr. **196.**] (NPh 42 : 327–332; 1958.)
205 *Salomo A. Birnbaum:* [Besprechung der Nr. **196.**] (BiOr 16 : 50–52; 1959.)
206 *Jean Fourquet:* Ernest-H. Lévy et le Dukus Horant. (EG 14 : 50–56; 1959.)
207 *H. W. J. Kroes:* [Besprechung der Nr. **196.**] (DuKr 1959: 89–93.)
208 *James W. Marchand:* [Besprechung der Nr. **196.**] (W 15 : 383–394; 1959.)
209 *Ingeborg Schröbler:* Zu L. Fuks' Ausgabe der ältesten

bisher bekannten Denkmäler jiddischer Literatur. (ZDA 89 : 135–162; 1959.)

210 *Pavel Trost:* [Besprechung der Nr. **196.**] (ČMF 2 : 112; 1959.)

211 *Siegfried Colditz:* Das hebräisch-mittelhochdeutsche Fragment von „Dukus Horant“ (FF 14: Oktober 1960.)

– Siehe Nr. **65.**

212 *Max Weinreich:* Old Yiddish poetry in linguistic literary research. (W 16 : 100–118; 1960.)

– Siehe Nr. **268.**

213 *Felix Falk:* Das Schmuelbuch des Mosche Esrim Wearba; Ein biblisches Epos aus dem 15. Jahrhundert; Einleitung und textkritischer Apparat. Assen 1961.

214 *James W. Marchand:* Einiges zur sogenannten „jiddischen Kudrun“. (NPh 45 : 55–63; 1961.)

215 *Hermann Menhardt:* Zur Herkunft des ‚Dukus Horant‘. (MAJ 2 : 33–36; 1961.)

– Siehe Nr. **141.**

216 *Hellmut Rosenfeld:* Die Kudrun: Nordseedichtung oder Donaudichtung? (ZDPh 81 : 314; 1962.)

217 *Pavel Trost:* Noch einmal zur Josefslegende des Cambridger Kodex. (PP 5 : 3–5; 1962.)

218 *J. Carles:* Le poème de Kudrun. (PFLL 2. Reihe, Fasz. 16 : 231–241; 1963.)

219 *Peter F. Ganz/Frederick Norman/Werner Schwarz:* Zu dem Cambridger Joseph. (ZDPh 82 : 86–90; 1963.)

220 *Roswitha Wisniewski:* Kudrun (: 14–15; 49, 58.) Stuttgart 1963.

– Siehe Nr. **67.**

221 *Hellmut Rosenfeld:* Der Dukus Horant und die Kudrun von 1233. (MAJ 2 : 129–134; 1964.)

– Siehe Nr. **146, 68.**

222 *Leo Fuks:* Das altjiddische Epos Melokim-buk; I. Einleitung und Faksimile der Editio princeps, Augsburg

1543, II. Hebräische und aramäische Quellen, textkritischer Apparat und Glossar. Amsterdam 1965. [Besprechungen 231, 232, 281.]

223 *Michael Curschmann:* ‚Dukus Horant' (in des Verfassers: „Spielmannsepik"; Wege und Ergebnisse der Forschung von 1907–1965. (DJL 40 : 474–478; 1966.)

224 *Stephan J. Kaplowitt:* [Besprechung der Nr. 146.] (JEGP 65 : 537–542; 1966.)

225 *Ursula Rauh:* [Besprechung der Nr. **196.**] (Eu 60 : 154–164; 1966.)[1]

226 *Walter Röll:* [Besprechung der Nr. **146.**] (SM 3. Reihe, Bd. 7, 1 : 269–275; 1966.)

227 — : Das älteste datierte jüdisch-deutsche Sprachdenkmal: Ein Verspaar im Wormser Machsor von 1272/73. (ZMF 33 : 127–137; 1966.)[2]

228 *Hellmut Rosenfeld:* [Besprechung der Nr. **146.**] (DLZ 87 : 126–129; 1966.)

229 *Ingeborg Schröbler:* [Besprechung der Nr. **146.**] (G 7 : 72–74; 1966.)

230 *Werner Schwarz:* Prinzipielle Erwägungen zur Untersuchung der Cambridger Handschrift T.-S. 10. K. 22.

[1] Es ist bedauerlich, daß die Verfasserin ohne paläographische Sachkenntnis im Hebräischen, das Problem der paläographischen Datierung bespricht. Sie hätte aus dem Tafelband der *Hebrew Scripts* [1954–1957] des Verfassers des Exkurses einiges von ihr vermißtes zusätzliches Vergleichsmaterial (s. die Nummern 250–360) gefunden. (Der Verfasser hat hunderte von Beispielen der aschkenasischen Kursive in seiner Sammlung.) Jetzt könnte sie auch mit Nutzen den Appendix C des Textbandes (1971) lesen, der „Two Checking Experiments in the Dating of Undated MSS" darstellt.

[2] Diese Arbeit wurde vor ihrem Erscheinen in die Bibliographie der Nr. **40** aufgenommen (113+) und sollte ursprünglich in der dort angegebenen Zeitschrift veröffentlicht werden.

(ZMF 33 : 138–143; 1966.)

– Siehe Nr. **70, 304** und **306.**

231 *Walter Röll:* [Besprechung der Nr. **222.**] (DLZ 88 : 220–223; 1967.)

232 *Ingeborg Schröbler:* [Besprechung der Nr. **222.**] (G 8 : 578–579; 1967.)

233 *Arnold Paucker:* [Besprechung der Nr. **146.**] (GLL N. F. 21 : 274–275; 1968.)

234 *Salomo A. Birnbaum:* [Besprechung der Nr. **147.**] (JJs 20 : 101–103; 1969.)

– Siehe Nr. **149.**

234a *Jerry Ch. Smith:* Elia Levita's Bovo-Buch; A Yiddish romance of the early 16th century. Dissertation, Cornell University, 1968. (Dissertation Abstracts 29A: 4021; 1969)

234b *Manfred Caliebe:* Dukus Horant. Studien zu seiner literarischen Tradition. Dissertation, Universität Kiel, 1970. (Philologische Studien und Quellen 70; 1973)

234c *Wulf-O. Dreessen:* Die altjiddische Bearbeitung des Barlaam-Stoffes (ZDPh 93, Sonderheft: 218–233; 1974)

234d *Wulf-O. Dreessen:* Die altjiddischen Estherdichtungen; Überlegungen zur Rekonstruktion der Geschichte der älteren jiddischen Literatur. Mimeograph (Internationaler Germanistenkongress, Akten; 1975). (Daphnis 6: 27–39; 1977)

X. Verschiedenes

235 *Nehemias Brüll:* [Besprechung der Nr. **1.**] (JJGL 3; 1877.)

236 *Moses Gaster:* [Besprechung der Nr. **1.**] (MGWJ 1879.)

237 *Alfred Landau:* Bibliographie des Jüdisch-Deutschen. (DM 1 : 126–132; 1879.)

238 *Salomo A. Birnbaum:* Neuere Werke über Jiddisch. (Fr 1 : 121–122; 1913.)

239 — : Die jiddische Orthographie [und Umschrift] Fr 1 : 588–591; 1913.)
240 *Ernest-H. Lévy:* Langue des hommes et langue des femmes en judéo-allemand. (MCA: 197–215; 1924.)
241 *Martin Plessner:* [Besprechung der Nr. **42, 111** u. **112.**] (OLZ 30 : 385–388; 1927.)
242 *Nechama Leibowitz:* Die Übersetzungstechnik der jüdischdeutschen Bibelübersetzungen des XV. und XVI. Jahrhunderts, dargestellt an den Psalmen. (PBB 55 : 317–463; 1931.)
243 *Salomo A. Birnbaum:* Hebräische Etymologien im Deutschen. (ZDPh 59 : 238–241; 1934.)
244 *Jechiel Fischer:* Das Jiddische und sein Verhältnis zu den deutschen Mundarten. Dissertation Heidelberg. Leipzig 1936.
245 *Max Weinreich:* Form versus psychic function in Yiddish, A study in the ‚spirit of language'. (OcOr: 532–538; 1936.)
246 — : Le yiddish comme objet de la linguistique générale. Wilna 1937.
247 *Salomo A. Birnbaum:* The age of the Yiddish language. (TPS 1939: 31–43.)
248 — : Yiddish phrase book. London 1945.
249 *Yivo Annual of Jewish Social Science.* New York 1946 –. [Die meisten Bände dieser Reihe – die vorher auf Jiddisch erschienene Veröffentlichungen bringt – enthalten die jiddische Sprache oder Literatur betreffende Beiträge.]
250 *Uriel Weinreich:* College Yiddish; An introduction to the Yiddish language and to Jewish life and culture. New York 1949, 5. Aufl. 1971.
251 *Franz J. Beranek:* Jiddische Ortsnamen. (ZPAS 5 : 88–100; 1951.)
252 *Karl Habersaat:* Beiträge zur jiddischen Dialektologie.

(RSO 26 : 23–26; 1951; 27 : 23–27; 1952.) [Bibliographie]

253 *Heinz Kloss:* Jiddisch. (In seinem: Die Entwicklung neuer germanischer Kultursprachen von 1800–1950 : 40–50; 1952.)

254 *Uriel Weinreich:* The Russification of Soviet minority languages. (PrC 2 : 6 : 46–57; 1953.)

255 *Salomo A. Birnbaum:* [Die Entwicklung der aschkenasischen Kursivschrift.] (In seinem: The Hebrew Scripts, Bd. 1 : 303–309; 1971; Bd. 2 : 349–365; 1954–1957.)

256 *The Field of Yiddish,* Studies in Yiddish language, folklore, and literature. New York; 1–1954, 2–1965, 3–1969. [Enthält Literaturverzeichnis]

257 *Karl Habersaat:* Repertorium der jiddischen Handschriften. (RSO 29 : 53–70; 1954; 30 : 235–249; 1955; 31 : 41–49; 1956.) [Bibliographie.] [Besprechung: 259*.]

258 *Salomo A. Birnbaum:* Der Mogel. (ZDPh 74 : 225–250; 1955.)

259 *Mitteilungen aus dem Arbeitskreis für Jiddistik.* Bd. 1 – 1955–1959; Bd. 2 – 1960–1964. [Verzeichnet Neuerscheinungen]

259* *Franz J. Beranek:* Besprechung der Nr. **257**. (ZDPh 75 : 108; 1956.)

260 *Max Weinreich:* The Jewish languages of Romance stock and their relation to earliest Yiddish. (RP 9 : 403–428; 1956.)

261 — : Yiddish-Knaanic-Slavic; The basic relationships. (JakFF: 622–632; 1956.)

262 *Uriel Weinreich:* Yiddish and colonial German in eastern Europe: The differential impact of Slavic. (ACCS: 1–53; 1958.)

263 — / *Beatrice Weinreich:* Say it in Yiddish. New York 1958.

264 — : Yiddish language and folklore; A selective bibliography for research. Haag 1959.

265 — : On the cultural history of the Yiddish rime. (BarF: 423–442; 1959.)
266 *James W. Marchand:* Three basic problems in the investigation of early Yiddish. (Orb 9 : 34–41; 1960.)
267 *Franz J. Beranek:* Jiddische Ortsnamen. (SOM 2 : 131ff; 1961.)
268 *Salomo A. Birnbaum:* Old Yiddish or Middle High German? (JJS 12 : 19–31; 1961.)
269 *Karl Habersaat:* Besprechung der Nr. **265**. (ZDPh 80 : 447; 1961.)
270 — : Materialien zur Geschichte der jiddischen Grammatik. (Orb 11 : 352–368; 1962.) [Bibliographie.]
271 — : Prolegomena zum Repertorium der jiddischen Handschriften. (ZDPh 81 : 338–348; 1962.) [Bibliographie.]
272 *Hans P. Althaus:* Jüdisch-hessische Sprachbeziehungen. (ZMF 30 : 104–156; 1963.)
273 *John Werner Knott:* Spoken Yiddish, A study of the Lithuanian and the Polish dialect of Yiddish in Toronto. [M. A. Thesis Toronto 1963.]
274 *Franz J. Beranek:* Die jiddischen Ortsbenennungen in Niederösterreich. (JLNÖ 36 : 870 ff; 1964.)
275 — : Bibliographie zur jiddischen Ortsnamenkunde. (On 11 : 35; 1964/5.)
276 *Karl Habersaat:* Die ältesten jiddischen Hohelied-Handschriften von 1304 bis 1590 nebst Chronologie der jiddischen Handschriften, Freiburg im Br. 1964. [Bibliographie.]
277 *For Max Weinreich* on his seventieth birthday. Haag 1964. [Enthält eine Anzahl von Aufsätzen über Jiddisch.] [Enthält Bibliographien.]
278 *Karl Habersaat:* Zur Geschichte der jiddischen Grammatik. (ZDPh 84 : 419–435; 1965.) [Bibliographie.]
279 — : Die jiddischen Handschriften in Italien.

(ASNS Jg. 116, Bd. 201 : 48–50; 1965.) [Bibliographie.]

280 — : Die jiddischen Handschriften in der Schweiz. (ASNS Jg. 117, Bd. 202 : 114–115; 1965.) [Bibliographie.]

281 *Hans P. Althaus:* Besprechung der Nr. **40** (2. Aufl.), **139**, **222**. (GJ N. F. 18, Bd. 5 : 25–27; 1966.)

282 *J. R. Rayfield:* The languages of a bilingual community. Haag 1970.

282a *Salomo A. Birnbaum:* Institutum Ascenesicum. (Leo Baeck Institute Year Book 17: 243–249; 1972)

282b *Joshua A.* and *David E. Fishman:* Yiddish in Israel; A case study of efforts to revise a monocentric language policy. Linguisitcs 120: 125–146; 1974)

282c *Joshua A. Fishman:* Language maintenance and language shift in the United States. (Yivo Annual of Jewish Social Science 16: 12–26; 1975)

282d *Phyllis Hodes:* A psycholinguistic study of Yiddish-English bilingual children. (Dissertation, Wayne State University, 1976) (Dissertation Abstracts International 37A 2694; 1976)

282e *Günter Marwedel:* Zu jiddischen Briefen aus der Zeit und Umwelt Glückels von Hameln. (Fragen . . . [s. Nr. 18b]: 46–56; 1977)

282f *Mordkhe Schaechter:* Four Schools of Thought in Yiddish Language Planning (Michigan Germanic Studies 3.2: 34–66; 1977)

282g *Salomo A. Birnbaum:* [Review of the catalogue] Hebrew and Judaic manuscripts in Amsterdam public collections. (Part) I . . . compiled by L. Fuks and R. G. Fuks-Mansfeld, Leiden 1973. (BiOr . . . 1978)

282h *Peter Freimark:* Sprachverhalten und Assimilation; Zur Situation der Juden in Norddeutschland in der ersten Hälfte des 19. Jahrhunderts. (Leo Baeck . . . [s. Nr. 282a] 24: 157–177; 1979)

282i *Steven M. Lowenstein:* The Yiddish written word in nineteenth-century Germany. (Ibid. 179–192)

XI. Literaturgeschichtliches

283 *Moritz Steinschneider:* Jüdisch-deutsche Literatur; Nach einem handschriftlichen Katalog der Oppenheimschen Bibliothek (in Oxford), mit Zusätzen und Berichtigungen. (Ser 9 : 313–336, 344–352, 363–368, 375–384; 1848; 10 : 9–16, 15–32, 42–48, 74–80, 88–96, 107–112; 1849; Register: IBS 1849 : 54, 57, 68.)

284 *Friedrich H. von der Hagen:* Die romantische Volksliteratur der Juden. (Akademie der Wissenschaft Berlin 1853.)

285 *H. Lotze:* Zur jüdisch-deutschen Literatur. (ALG 7 : 90–101; 1870.)

286 *Leo Wiener:* A history of Yiddish literature, New York 1897.

287 *Felix Falk:* Die Bücher Samuelis in deutschen Nibelungenstrophen des XV. Jahrhunderts. (MJVK Heft 25 : 97–116, Heft 28 : 129–150; 1908.)

288 *Maier J. Pines:* Histoire de la littérature judéo-allemande. Avec une préface de Charles Andler. Paris 1911. [Dissertation Paris.] [Enthält Bibliographie.]

289 *Leo Landau:* Hebrew-German Romances and Tales and their relations to the romantic literature of the Middle Ages (= Teuronia 21). Leipzig 1912. [Besprechung: 291]

290 *Maier J. Pines:* Die Geschichte der jüdisch-deutschen Literatur. Nach dem französischen Original bearbeitet. Leipzig 1913.

291 *Robert Petsch:* [Besprechung der Nr. 289] (ASNS Jg. 68, Bd. 132 : 175–181; 1914.)

— Siehe Nr. **136**.

292 *Salomo A. Birnbaum:* Literatur, Jiddische. (JL 3 : 1155–1175; 1929.)

293 *M. Meisel:* Jiddische Literatur. (EJB 9 : 127–180; 1929.)

294 *Jakob J. Meitlis:* Das Ma'assebuch; Seine Entstehung und Quellengeschichte. Berlin 1933.

295 *Abraham A. Roback:* The story of Yiddish literature. New York 1940.

296 *Frederick Norman:* Remarks on the Yiddish Kudrun. (JJS 5 : 85–86; 1954.)

297 *Franz J. Beranek:* Jiddische Literatur. (RDLG 2. Aufl., 1 : 766–770; 1958.)

298 *Arnold Paucker:* Yiddish versions of early German prose novels. (JJS 10 : 151–167; 1959.)

299 — : Das deutsche Volksbuch bei den Juden. (ZDPh 80 : 302–317; 1961.)

300 — : Das Volksbuch von den Sieben Weisen Meistern in der jiddischen Literatur. (ZVK 57 : 177–194; 1961.)

301 *Sol Liptzin:* The flowering of Yiddish literature. New York 1963.

302 *Franz J. Beranek:* Das Tiroler Maissebuch. (Schl 38 : 36–41; 1964.)

— Siehe Nr. 222.

303 *W. Heiske:* Deutsche Volkslieder in jiddischem Sprachgewand. (JVLF 9 : 31–44; 1964.)

304 *Jakob J. Maitlis:* Akedas Jizhok. (KLL 1 : 320–321; 1965.)

305 *Werner Schwarz:* Die weltliche Volksliteratur der Juden. (MM 4 : 72–89; 1966.)

306 *Walter Röll:* Zur literarhistorischen Einordnung des sogenannten ‚Dukus Horant'. (DVJL 41 : 517–521; 1967.)

307 *Charles A. Madison:* Yiddish literature, Its scope and major writers. New York 1968.

308 *Leonard Prager:* Shakespeare in Yiddish. (ShQ 19 : 149–163; 1968.)

309 *Chuune Shmeruk:* Yiddish literature. (EJJ 16 : 798–833; 1971.) [Mit Bibliographie.]

309a *Josef Weißberg:* Zur Stellung der altjiddischen Literatur in der Germanistik. (ZDPh 91: 383–406; 1972)

309b *Dan Miron:* A traveler disguised: A study in the rise of modern Yiddish fiction in the nineteenth century. New York 1973.

309c *Elias Schulman:* Bialik's Yiddish poetry. (Yiddish 1: 66–74; 1973)

309d *Helmut Dinse:* Die Entwicklung des jiddischen Schrifttums im deutschen Sprachgebiet. Stuttgart 1974.

309e *Walter Röll:* [Besprechung der Nr. 309d] (G 15:594:3521; 1974)

309f *Wulf-O. Dreessen:* [Besprechung der Nr. 309d] (Anzeiger für deutsches Altertum [in ZDA] 104: 162–166; 1975)

309g *Wulf-O. Dreessen:* Zur Rezeption deutscher epischer Literatur im Altjiddischen: Das Beispiel ‚Wigalois' – ‚Artushof' (Deutsche Literatur des späteren Mittelalters – Hamburger Kolloquium 1973: 116–128; 1975)

309h *Günter Marwedel:* [Besprechung der Nr. 309d] (ZDPh 94: 466–468; 1975)

309i *Walter Röll:* [Besprechung der Nr. 309d] (Daphnis 4: 87–94; 1975)

309j *David G. Roskies:* The genres of Yiddish popular literature. (Working . . . [s. Nr. 45a] 1975)

309k *Manfred Caliebe:* Zur Problematik von Gesamtdarstellungen jiddischer Literaturgeschichte in deutscher Sprache: Bedenken, Berichtigungen und Ergänzungen zu Helmut Dinse, ‚Die Entwicklung des jiddischen Schrifttums im deutschen Sprachgebit' (Wirkendes Wort 27: 51–66; 1977)

Register zur Bibliographie

a) *Alphabetisch*

b) *Chronologisch*